Initiation à la PNL

Sommaire

Introduction

Aujourd'hui, la PNL est une discipline utilisée dans des domaines aussi différents que le management, le travail thérapeutique pour restaurer l'estime de soi des patients ou le traitement de leurs phobies. Cependant, son approche, même si elle se veut simple et accessible, est parfois difficile à comprendre pour quelqu'un qui tente de s'y intéresser, et qui n'a que peu de connaissances en psychologie. En effet, les mots « modélisation », « métamodèle », « codage », peuvent effrayer les « néophytes » et rebuter même les plus motivés. Nous nous engageons donc, dans cet ouvrage, à simplifier le plus possible un vocabulaire qui peut paraître complexe, sans pour autant en simplifier les idées : ce que vous êtes venus chercher en achetant cet ouvrage. Car ce n'est pas parce que certaines personnes ne connaissent pas le vocabulaire spécialisé qu'elles ne sont pas capables de comprendre les concepts que ce vocabulaire spécialisé véhicule. Et comme nous allons le voir dans ce livre, il existe beaucoup de façons différentes de communiquer quelque chose, suivant les outils que l'on a et l'interlocuteur qui se présente en face de soi.

Ainsi, nous nous engageons à faciliter la compréhension de ces concepts et l'application que vous en ferez peut-être au quotidien. D'ailleurs, l'expérience nous dit que mieux on comprend une idée, une procédure, une façon de penser, et plus sa mise en pratique est facile. Par exemple, tant que l'on ne nous a pas expliqué le fonctionnement d'un appareil complexe, ce n'est pas forcément en achetant un manuel d'utilisation pour spécialiste qu'on le comprendra : il faudra dès lors demander à quelqu'un qui connaît son fonctionnement et qui est capable de nous l'expliquer clairement pour que l'on sache où se situe la panne et comment la réparer. Voilà ce que nous vous proposons : vous expliquer clairement comment vous fonctionnez, afin que vous déterminiez par vous-mêmes ce que vous voulez réparer et comment. Vous êtes prêt ?

La PNL, une approche pluridisciplinaire

« Nous avons mis au point des moyens d'apprendre aux gens à utiliser leur cerveau. »

Richard Bandler

Témoignage

« La PNL, pour moi, est surtout une façon de mieux comprendre le monde. Les réactions de mes proches par exemple, leur façon d'appréhender les choses. Avant, je ne me posais pas autant de questions à vrai dire ! Et puis je me suis marié, j'ai eu deux enfants : j'étais heureux. Et puis tout a basculé : ma femme est partie avec son prof de sport (je sais, c'est vraiment cliché), et je me suis retrouvé seul. Et là, j'ai commencé à me poser beaucoup de questions : "Qu'est-ce que je faisais là ? Comment j'en étais arrivé là ? Qu'est-ce que j'avais fait de mal pour me sentir si abandonné et seul ?" *J'ai décidé de prendre une année sabbatique. J'ai décidé de prendre soin de moi quand même. Une amie m'a confié un livre sur la PNL, elle m'a dit qu'il m'aiderait peut-être à me poser les bonnes questions, à comprendre certaines choses. Normalement, je ne suis pas très branché développement personnel mais je me suis dit* "Qu'est-ce que tu as à perdre ?" *Et j'ai lu le bouquin. Je n'ai pas tout pris au pied de la lettre, certaines choses ne m'ont pas intéressé. Mais en revanche, la façon dont la PNL explique le fonctionnement de notre cerveau et de notre comportement m'a beaucoup marqué, et j'ai compris certaines choses : je n'avais pas mis les bonnes stratégies en place. Maintenant, j'essaie*

de voir comment reprendre ma vie en main, dans de meilleures conditions. Je ne sais pas si la PNL va m'aider, mais en tout cas, grâce à ça, j'ai mieux compris quelles étaient mes erreurs. »
Yves, 43 ans

Un peu de théorie

Trois initiales et autant de domaines de recherche

PNL signifie en clair programmation neuro-linguistique. P pour « programmation », car nous utilisons, tout au long de notre vie, des « programmes » mis en place dès notre plus tendre enfance, qui nous aident à comprendre le monde qui nous entoure, et qui nous conditionnent donc à agir, penser, aimer, de telle ou telle façon. Ce mot « programmation » est tiré du langage informatique car, pour la PNL, l'être humain et l'ordinateur sont comparables : le matériel est à peu près le même pour tous (un cerveau, des bras, des jambes, un système nerveux...), seuls les programmes diffèrent vraiment.

Le N de « neuro » est là pour nous rappeler que c'est notre cerveau et notre système nerveux qui gèrent tous ces programmes, et que c'est grâce à eux que nous percevons, ou que nous ne percevons pas, les informations entrantes, et qui vont influencer ces programmes. Ce N nous rappelle qu'il faut d'abord commencer par connaître le fonctionnement de notre système nerveux avant d'essayer de changer les programmes mis en place.

Enfin, le L signifie « linguistique », car c'est en partie notre langage, la façon dont nous communiquons au sens large, qui nous aide aussi à structurer nos pensées. Nous n'avons par exemple pas les mêmes outils pour comprendre le monde selon que l'on connaît 300 ou 15 000 mots. Et la façon dont nous les utilisons conditionne les messages que nous recevons et émettons.

Des définitions variées

Ainsi, la programmation neuro-linguistique a étendu ses recherches dans des domaines variés et complémentaires. Les fondateurs de la PNL, les Américains John Grinder et Richard Bandler, bénéficiaient chacun d'une double compétence très utile, qui a contribué à élargir leur champ de recherche et qu'ils ont su mettre à profit pour créer une nouvelle discipline. D'abord, tous deux étaient psychologues. Mais Grinder était aussi professeur en linguistique et Bandler, de son côté, était aussi informaticien et mathématicien. Ce sont toutes ces disciplines conjuguées qui ont permis l'émergence de ce nouveau courant.

La variété des origines de la PNL a ainsi permis de l'appliquer dans différents domaines, mais a surtout contribué à faire de la PNL une approche pluridisciplinaire, qu'il est alors difficile de cantonner à un seul objectif. Pour certains, comme Yves, la PNL permet de mieux comprendre le fonctionnement de l'être humain et ses erreurs. Pour d'autres, la PNL est une façon de décrypter notre façon d'apprendre, de ressentir, de stocker et d'utiliser nos expériences passées. Pour d'autres encore, la PNL permet d'améliorer leur communication et leurs relations à autrui. Pour d'autres enfin, la PNL est une nouvelle façon de modéliser les expériences de ceux qui excellent dans un domaine précis, pour en extraire la « substantifique moelle » et pouvoir les reproduire à volonté.

Une approche qui se veut pragmatique et pratique

Mais la PNL, ce n'est pas seulement un agglomérat de théories absconses. Au contraire, elle se veut pratique et aisément compréhensible. Approche normale, si l'on considère que le but de la PNL est d'aider le plus de gens possible, en leur expliquant pourquoi ils ont certains problèmes, mais aussi comment les résoudre. Cette approche s'appuie en effet sur le travail de plusieurs psychologues de renom, comme Fritz Perls, père de la Gestalt-thérapie, Virginia Satir, fondatrice de la thérapie familiale, ou encore Milton Erickson, spécialiste de l'hypnose.

La démarche originale de Bandler et Grinder fut de modéliser leur expérience, d'analyser en détail les processus qu'ils mettaient en œuvre dans leurs thérapies, afin de permettre à tous de les reproduire pour leur propre compte. Car finalement, ils se sont rendu compte d'une chose : quels que soient les thérapeutes, tous ont presque la même démarche et la même façon d'opérer. Cette stratégie peut être résumée ainsi : comprendre comment leur patient pense, savoir ce que cette personne veut vraiment (augmenter sa confiance en elle, réduire un conflit...), et mettre en place des pratiques thérapeutiques pour l'aider à atteindre son but. C'est donc ce qui nous attend dans cet ouvrage : comprendre comment nous pensons, ce que nous désirons changer dans notre vie, et mettre en place des stratégies gagnantes pour opérer ces changements.

À RETENIR

PNL pour programmation neuro-linguistique

La PNL est issue de l'association de différents domaines d'expertise : la psychologie, la cybernétique, la linguistique, entre autres disciplines. C'est une science qui permet de décrypter et comprendre le fonctionnement de l'être humain, à travers le prisme de toutes ces autres sciences, et qui a pour but de nous permettre d'améliorer notre vie.

Autant de buts que d'être humains

Mais « améliorer notre vie » est un objecitf qui résonne différemment en chacun de nous. Ce peut être mieux comprendre notre entourage, améliorer ses qualités relationnelles, augmenter sa confiance en soi… La PNL se propose de mettre en place des stratégies que l'on pourra dupliquer facilement et à volonté afin de réussir dans tous ces domaines.

Des théories… pratiques !

Pour remplir ce noble objectif, la PNL se devait donc d'amener non seulement des concepts faciles à assimiler, mais aussi des idées pratiques à appliquer. Évidemment, il faut pour cela avoir compris un certain nombre de notions, mais celles-ci vous paraîtront sûrement évidentes, car toujours attachées, connectées à la réalité que vous vivez.

La réalité filtrée

« La vie est faite d'illusions. Parmi ces illusions, certaines réussissent. Ce sont elles qui constituent la réalité. »

Jacques Audiberti

Témoignage

« Il y a quelques années, j'ai assisté à un vol à main armée, dans le magasin dans lequel je travaillais. Nul besoin de vous dire que j'en ai été traumatisée à vie ! Toujours est-il que j'ai subi plusieurs interrogatoires en tant que témoin. Pour moi, c'était clair, il y avait deux hommes cagoulés, très bien préparés, qui étaient arrivés à 14 h dans la banque et qui nous avaient obligés à leur donner tout l'argent que l'on avait à disposition, ainsi que les objets de valeur que l'on avait sur nous. Je revois encore la scène avec beaucoup de netteté et, à l'époque, j'ai évidemment fait une déposition très précise.

Tous les clients et les salariés du magasin ont été interrogés, et je n'ai bien sûr pas été présente au moment de leur déposition. Mais en reparlant avec certains d'entre eux, notamment deux collègues, j'ai été stupéfaite d'entendre des récits très différents du mien ! Par exemple, ma collègue Jacqueline avait, elle, vu trois agresseurs dont un qui s'était fait passer pour un client, et parmi ces agresseurs, elle était sûre qu'il y avait une femme, par rapport à sa voix quand elle avait interpellé un de ses complices. Moi, je suis un peu dure d'oreille, donc je n'avais pas entendu sa voix, et je me suis alors posé des questions sur la fiabilité de mon témoignage… ainsi que sur celle de toutes les personnes présentes. Toujours est-il que tous les témoignages devaient

être tellement différents qu'ils n'ont malheureusement jamais attrapé les coupables. »
Monique, 39 ans

Un peu de théorie

Une perception personnelle de la réalité

Comme le montre bien le témoignage de Monique, nous avons tous des façons différentes de percevoir la réalité, bien que celle-ci soit finalement la même pour tous. Ainsi, si l'on demande votre avis sur un morceau de musique, au hasard un morceau de « rock garage », vous donnerez des avis aussi différents que nous le sommes tous : pour certains, ce sera du bruit et rien d'autre, pour d'autres, un bon morceau de rock, pour d'autres encore une preuve de génie. Et pourtant, en soi, ce sera le même morceau de musique !
Vous avez donc compris que la réalité est différente pour tous. En PNL, nous avons une phrase consacrée pour exprimer cette idée : *« La carte n'est pas le territoire. »* Cela signifie que si nous devons faire la représentation d'une réalité donnée, chacun en fera une description différente, qui se révélera certainement fidèle à ce que chacun perçoit, mais certainement incomplète par rapport à ce que perçoivent tous les autres (et plus certainement encore incorrecte par rapport aux faits réels).
Cette façon d'appréhender la réalité dépend d'une série de filtres, qui sont à la fois neurologiques, culturels et personnels. Comprendre quels sont ces filtres, comment ils opèrent et les résultats que tout cela donne est un des objectifs de la PNL. Nous verrons ici les filtres personnels et culturels. Les filtres neurologiques feront l'objet d'autres chapitres très détaillés.

Les filtres personnels

Les filtres personnels sont toutes les expériences que vous avez pu cumuler jusqu'à présent et qui ont modelé votre perception des choses : c'est votre histoire, votre vécu, vos traumatismes. C'est également l'amour que l'on vous a donné (ou non), le cadre dont vous avez bénéficié, les rapports que vous avez construits avec votre famille ou vos amis. Toutes ces expériences ont contribué à vous donner une certaine idée de la personne que vous étiez, mais aussi de ce qu'était la vie et de la façon dont le monde fonctionne. Toutes ces opinions sur vous-mêmes, votre entourage et votre vie vous sont propres évidemment, et ne se retrouvent jamais exactement dans l'opinion des autres.

Ces filtres sont donc uniques, puisque deux personnes ne peuvent vivre exactement la même expérience, non seulement d'un point de vue externe (dans les faits qui se sont déroulés), mais aussi d'un point de vue interne (dans ce que chaque protagoniste ressent). Par exemple, deux enfants peuvent avoir été abandonnés par leurs parents, mais cela ne veut pas dire que cet événement va avoir la même influence sur leurs vies, car ils auront vécu différemment cette expérience et les suites de cette expérience. L'un s'en sortira très bien, en puisant dans des ressources qui lui ont été rendues accessibles, l'autre sombrera dans la dépression en ne sachant pas utiliser les ressources qu'il avait pourtant en lui.

Les filtres culturels

Les filtres culturels sont donc liés à l'environnement culturel de chacun. Ainsi, dans le mot « culture », la PNL inclut par exemple les valeurs, les mythes et les croyances de la société dans laquelle on a grandi. Par exemple, prenons un jeune Japonais qui a vécu dans une société très hiérarchisée et ritualisée, dans laquelle le respect dû aux aïeux est la chose la plus importante à retenir. Soudain, ce Japonais, pourtant curieux, se retrouve dans une société occidentale qui prône le jeunisme à outrance comme valeur principale, et dans laquelle le respect des aïeux n'imprègne pas aussi profondément les pensées de chacun. Nul doute que ce dernier risque de ne pas comprendre les enjeux de cette société, et qu'il lui manquera certaines

clefs. Par exemple, il trouvera inconvenant de tutoyer son chef plus âgé que lui, alors que cela semblera normal pour ses collègues européens.
Ce type de filtre inclut également le langage comme faisant partie intégrante de la culture. En effet, le langage structure le fonctionnement de la pensée, et influence notre vision des choses. Par exemple, il est très difficile de traduire certaines expressions étrangères en français, parce que nous n'avons pas l'équivalent. Difficile donc de comprendre ce que l'autre veut dire. Le langage est un filtre très important pour la PNL, que nous verrons également plus précisément dans un autre chapitre.

À RETENIR

« La carte n'est pas le territoire »

Chacun croit avoir une bonne idée de la « réalité », par rapport à ce qu'il « sait » de sa vie et de celle des gens qui l'entourent. Mais cette réalité est imparfaite, tronquée, filtrée. En d'autres termes, elle est personnelle et propre à chacun. La même réalité est donc vécue de façon différente selon les gens et leur mode de fonctionnement.

Des filtres personnels et individuels

Chacun a un parcours différent des autres, même au sein de la même famille. Ainsi, la même expérience peut être vécue différemment selon ce que l'on a vécu précédemment, car c'est le passé qui va, entre autres, conditionner notre façon de réagir, de penser et de communiquer. C'est ce qui fait que l'on est si différent de son frère ou de sa sœur.

Des filtres liés à la culture de chacun

La culture dans laquelle on baigne depuis notre plus tendre enfance influence évidemment notre vie et le regard que l'on porte sur elle et le monde. Ce que nous croyons est fortement influencé par ce que nous vivons et voyons au quotidien, mais aussi par ce que nous disons et entendons. Le langage fait partie intégrante de ces filtres culturels.

Les principaux postulats de la PNL

« On a toujours le choix. On est même la somme de ses choix. »

Joseph O'Connor

Témoignage

« Quand j'ai su que le poste de chef d'équipe ne m'était pas attribué, mais qu'on le donnait à Marjorie, ma collègue, j'ai cru que c'était une sale blague. Présent depuis dix ans dans la boîte, je pensais avoir assez d'ancienneté et d'expérience pour pouvoir prétendre à ce poste. Je suis allé voir le futur ex-chef pour qu'il m'explique la décision de la direction. Il m'a expliqué que Marjorie avait eu des appuis haut placés, et qu'elle avait bien mené sa barque pour avoir cette promotion : sa productivité avait augmenté de 18 % sur la dernière année, et elle paraissait avoir les compétences nécessaires pour le poste. Évidemment, j'ai pris cela comme un affront, et je me suis dit que cette Marjorie avait voulu me prendre cette place pour m'emmerder, alors qu'elle savait très bien que je la voulais.

J'ai décidé d'aller la voir directement et j'ai été très agressif avec elle. Là, elle m'a dit que sa mère était malade depuis quelque temps, et qu'elle devait payer une grosse partie de la maison de retraite médicalisée dans laquelle elle avait dû la placer. C'était la raison principale pour laquelle elle avait manœuvré pour avoir cette promotion. Quand j'ai su cela, évidemment, je me suis senti

mal : c'était difficile de lui en vouloir. Je lui ai juste dit qu'elle aurait pu me prévenir de sa situation. Elle s'est excusée, et m'a dit qu'elle était désolée d'avoir réussi en me mettant de côté, mais qu'elle avait eu le sentiment de ne pas avoir eu le choix. »
Clarence, 36 ans

Un peu de théorie

Chacun agit selon ses possibilités

Nous l'avons vu, la carte n'est pas le territoire. Cela signifie que chacun a sa propre perception de la réalité, son propre modèle du monde. Le but de la PNL n'est pas d'essayer de voir la réalité telle qu'elle est vraiment, chose certainement impossible à faire d'ailleurs, mais de changer la perception que l'on a de cette réalité pour la rendre plus riche, plus conforme à ce que l'on souhaite vraiment : être heureux. Ainsi, votre travail, en tant que pratiquant de la PNL, sera non seulement de comprendre une perception du monde, la vôtre, mais aussi de tenter de vous mettre à la place des autres, et de comprendre leurs réalités pour essayer de les comprendre, eux. Cela n'est possible que si l'on a en tête plusieurs postulats, c'est-à-dire des présupposés, des hypothèses qui vont conditionner votre vision des choses de façon positive.

Le premier postulat qui découle de cette position, c'est que chacun fait du mieux qu'il peut avec la vision, les ressources et les outils qu'il a à sa disposition à l'instant X. Cela signifie qu'une action faite par un de vos proches, même si vous ne la comprenez pas et qu'elle vous semble même absurde, lui est apparue, à un moment donné, la meilleure chose à faire parmi un panel plus ou moins large de comportements à tenir. Il faut donc prendre en compte ses motivations, sa perception des enjeux, pour comprendre pourquoi il a agi ainsi.

Le postulat de « l'intention positive »

L'autre postulat qui découle du premier postulat, c'est que chacun cherche à maximiser ses avantages, même si ses actes paraissent destructeurs. Par exemple, quand vous avez l'impression, comme dans le témoignage de Clarence, qu'un de vos collègues essaie de vous faire du mal, vous voyez la réalité avec votre point de vue. Mais si vous vous mettez à la place de la personne en question, vous verrez qu'elle ne cherchait pas à vous faire du mal à vous, mais cherchait seulement à maximiser ses chances à elle d'être heureuse : elle aura agi de telle manière pour avoir une augmentation ou une promotion, pour mieux vivre au quotidien et offrir plus de confort à sa famille par exemple. Son intention était donc, à la base, positive. Vous avez d'ailleurs certainement eu la même intention. En revanche, il est possible que vous ayez mis au point des moyens différents pour y arriver, car vous n'avez pas les mêmes ressources, la même personnalité, les mêmes valeurs.

Ce postulat « d'intention positive » est très puissant, et surtout très utile pour, notamment, réduire les conflits et prendre du recul. Il nous aide à comprendre plus facilement certaines situations, en évitant de prendre certains affronts de façon trop personnelle par exemple. Il est rare de vouloir « sciemment » blesser autrui : en général, l'impact de ce que nous faisons est très différent de nos intentions originelles.

Plus on a de choix, mieux c'est !

Si nous reprenons le témoignage de Clarence, et son histoire avec sa collègue Marjorie, nous voyons que cette collègue a agi ainsi parce qu'elle avait eu l'impression de « ne pas avoir eu le choix » pour protéger sa famille. Ce que la PNL nous enseigne, c'est que pour la même intention positive, le même objectif, nous avons en fait non pas une, mais une multiplicité de façons d'y arriver. Ce sont ces choix multiples que la PNL essaie de faire émerger en chacun de nous, pour éviter notamment de faire un « non-choix » négatif et destructeur, que ce soit pour soi ou pour les autres.

En d'autres termes, le but de la PNL est de mettre à disposition des gens un nombre beaucoup plus grand de comportements possibles face à une même situation. Car ce que nous évaluons comme un « mauvais choix » dans notre comportement ou dans celui des autres est en fait très souvent l'ignorance d'autres possibilités. Par exemple, si Marjorie avait été plus flexible à ce moment donné (et moins « obnubilée » par son objectif, ceci est dit sans la juger bien sûr), elle se serait peut être mise à la place de Clarence, et aurait alors opté pour un autre choix : elle aurait pu discuter avec lui, ou encore choisir de postuler pour un autre poste. Attention ! Cela ne veut pas dire que son choix était mauvais ! Ce choix a juste eu des conséquences qui elles, n'ont pas toutes été positives, pour elle ou autrui.

À RETENIR

On fait ce qu'on peut !

Cette phrase, on l'a tous dite au moins une fois dans notre vie. Et pour cause ! Elle traduit un concept important en PNL : dans chaque situation, les décisions que l'on prend sont conditionnées par notre modèle du monde et de soi, et sont les « meilleures » à prendre quand on considère les informations et les ressources disponibles à ce moment-là.

Objectif positif, actes malheureux

Un autre postulat important de la PNL est que nous sommes tous animés d'intentions positives à l'origine de tous nos actes conscients et réfléchis. Ainsi, il est vraiment rare que nous fassions délibérément du mal à autrui. Simplement, nous ne maîtrisons pas l'impact de tous nos actes. Comprendre cela est notamment utile pour régler un conflit.

Avoir le choix de son comportement

Nos actes sont donc le résultat de biais de perception et d'interprétation, qui nous donnent l'impression de ne pas avoir le choix face à une situation. Le but de la PNL est d'ouvrir nos perspectives, et de faire en sorte que nous soyons plus flexibles. Quand on a le choix entre plusieurs comportements, on prend celui qui nous semble le meilleur !

L'importance des feed-back en PNL

« Tout est communication : il est impossible de ne pas communiquer. »

Gregory Bateson

Témoignage

« Quand j'étais plus jeune, j'étais fou amoureux d'une de mes camarades de classe, Émilie. Mais bon, j'étais timide et pas vraiment prêt à me jeter à l'eau pour la séduire, et je voyais bien qu'elle n'était pas à l'aise à l'école, avec les garçons. À chaque fois que j'essayais de lui parler, elle rougissait, bafouillait, regardait autour d'elle, ou encore faisait mine de ne pas entendre, peut-être parce que sa mère était prof dans le même lycée que nous. Mes amis me disaient de laisser tomber, mais moi, j'étais sûr qu'il y avait un moyen de briser la glace. J'ai donc cherché à savoir ce qu'elle faisait en dehors des cours, et je me suis aperçu qu'elle prenait des cours de saxophone à l'école de musique. Quand j'ai su ça, j'ai hésité à prendre des cours aussi, mais bon, ce n'était pas vraiment possible. Alors je me suis dit qu'il fallait que je lui parle de musique, et que je devais donc m'intéresser à ce qu'elle aimait. Ma passion pour le jazz vient de là !

Très vite, j'ai donc commencé à écouter des groupes dans lesquels il y avait un saxophoniste, et à me renseigner sur ces musiciens. Et j'ai commencé, tout doucement, à lui parler musique. Et là, les vannes du dialogue se sont ouvertes : j'avais tapé dans le mille ! Parler musique était exactement ce qu'il fallait faire pour la mettre à l'aise. On a ainsi beaucoup échangé de CD, puis nous sommes allés à des concerts ensemble. Finalement, j'ai réussi à sortir avec elle… et à l'épouser dix ans après ! »

Grégoire, 36 ans

Un peu de théorie

L'approche systémique et la PNL

L'approche systémique est une façon de voir (on dit aussi modéliser) le monde d'une façon bien particulière, et la PNL est complémentaire de cette approche dans certains domaines. Ainsi, la systémique, comme la PNL, traite des relations entre les êtres humains. Sauf que la systémique, comme son nom l'indique, s'intéresse plus particulièrement aux systèmes et aux relations entre ces systèmes : un système étant un groupe d'éléments interconnectés et interdépendants les uns des autres. En systémique, on considère par exemple que l'être humain est un système composé d'autres systèmes. D'un point de vue biologique par exemple, l'homme est composé d'un système nerveux, respiratoire, sanguin, etc. Et d'un point de vue psychologique, l'homme est un système fait de trois éléments connectés entre eux : de comportements externes (ce qu'il dit et fait), de sentiments (ou états internes) et de pensées (ou processus internes). Une modification au sein de l'un d'eux modifie forcément les autres éléments.

Mais l'homme vit aussi au milieu d'autres systèmes, avec lesquels il interagit en permanence. Ces autres systèmes sont notamment les autres personnes avec qui il communique. On peut aussi considérer la communication comme un système, une boucle, avec un émetteur qui émet un message vers le récepteur, qui à son tour va émettre un « feed-back » qu'il enverra vers l'émetteur devenu récepteur.

L'importance du feed-back

Pourquoi le « feed-back » est-il si important en communication, et plus particulièrement en PNL ? Parce que le feed-back nous indique plusieurs choses. Par exemple, imaginez que vous disiez quelque chose à quelqu'un. Si cette personne ne vous renvoie pas de feed-back, vous ne saurez pas si votre message est bien passé. Le feed-back fait donc office d' « accusé de réception » dans un premier temps. Mais il est aussi bien plus que cela ! Ne vous est-il jamais arrivé, par exemple, de dire quelque chose que vous pensiez anodin, et d'essuyer alors une réaction complètement imprévue (et spectaculaire !) de la part de votre interlocuteur ? En d'autres termes, ne vous est-il jamais arrivé de voir le gouffre qu'il peut y avoir entre ce que l'on veut dire (nos intentions de départ) et ce que l'autre comprend (l'impact à l'arrivée) ? Si, certainement. Ce qui nous fait dire une autre chose : le sens de nos messages n'est perceptible qu'après réception du feed-back qui y correspond, les intentions de départ étant parfois très différentes de l'impact sur l'interlocuteur. Ce qui peut vouloir dire, par exemple, que votre message n'était peut-être pas aussi clair que vous le pensiez, ou que votre interlocuteur a des filtres très différents des vôtres (ce qui arrive par exemple quand deux personnes n'ont pas le même humour). Et cela permet d'adapter votre communication… afin de continuer à communiquer.

La boucle du feed-back

Le feed-back est donc un mécanisme qui permet d'ajuster au mieux la communication afin qu'elle puisse continuer dans de bonnes conditions. Par exemple, si vous voyez que votre collègue s'énerve dès que vous parlez d'un certain sujet et que cela vous ennuie, vous pouvez, à l'avenir, éviter ce genre de discussion, pour que votre communication puisse continuer sans avoir à provoquer de colères. Faire cela s'appelle utiliser une boucle de feed-back. Cela consiste, dans un premier temps, à observer et à écouter attentivement ce que l'autre nous renvoie. Dans un second temps, il faut

« calibrer » les comportements de l'autre, c'est-à-dire analyser ses comportements pour déceler ce qui a pu provoquer cette réaction, et la nature de cette réaction. Cela nous permet alors de nous « synchroniser » à notre interlocuteur, nous adapter à lui pour faciliter la communication et créer un rapport serein. Et ce n'est qu'après avoir créé de meilleurs rapports avec votre interlocuteur que vous pourrez, peut-être, aborder le sujet qui fâche sans, justement, provoquer de colère.

Dans cet ouvrage, nous vous dirons comment utiliser ces boucles de feed-back. Vous saurez ainsi ce qu'il faut observer, ainsi que la façon de calibrer les réactions de votre interlocuteur et de vous synchroniser avec lui, d'établir de bons rapports, pour pouvoir, peut-être, l'amener à changer favorablement la communication entre vous.

À RETENIR

L'homme au cœur de plusieurs systèmes

L'homme peut en effet être considéré comme un système interagissant avec d'autres systèmes. Cela signifie que tout ce que nous faisons a forcément une incidence sur les autres, même quand nous ne faisons rien, car tous les systèmes sont interdépendants, connectés. C'est cette incidence qu'il faut observer si l'on veut améliorer notre communication.

Intentions et impact

Le feed-back que l'interlocuteur nous renvoie nous permet en effet de voir comment notre message a été compris, et comment l'autre y a réagi. Cela nous permet notamment de juger de l'impact de notre communication sur l'autre, et de pouvoir ajuster notre message si besoin, en décodant au mieux le modèle du monde développé par notre interlocuteur.

Faire une boucle positive

Ainsi, quand on communique, il importe de bien observer les réactions de l'autre, pour pouvoir les « calibrer » correctement. Cela nous permettra dans un deuxième temps de nous synchroniser avec l'autre, c'est-à-dire de nous mettre à sa portée, afin de créer de meilleurs rapports. Et cela, *in fine*, peut nous permettre de l'influencer favorablement.

Les filtres neurologiques : le VAKOG

« Il n'est rien dans notre intelligence qui ne soit passé par nos sens. »

Aristote

Témoignage

« Je suis écrivain, et mon travail, je le décris comme une façon de mettre sur papier les moments de tous les jours, en trouvant dans chaque moment l'instant de grâce qui révèle la nature de mes personnages. C'est le petit détail qui est important, c'est de cela que se rappellent les lecteurs : le petit détail qui fera vrai dans un récit.

Je donne aussi des cours d'écriture toutes les semaines, dans une petite association de quartier. J'ai mes habitués, qui viennent déposer leurs états d'âme sur le papier. Je les guide, en essayant de ne pas les influencer au moment d'écrire. Les sujets sont divers : haïkus, sonnets, nouvelles, SF… j'essaie de diversifier le plus possible pour que tout le monde y trouve son compte.

Ce qui m'a le plus étonnée, dans ces cours, c'est la diversité des techniques de mes écrivains en herbe. Moi, par exemple, je suis très visuelle. C'est très important pour moi d'avoir une image très précise d'une scène dans ma tête : je la tourne et la retourne jusqu'à ce que chaque détail s'incruste et que je puisse vraiment tout décrire

de façon très minutieuse. Mais quand je suis avec mes étudiants, je m'aperçois que certains d'entre eux trouvent l'inspiration par d'autres moyens. Certains, par exemple, s'aident d'une musique particulière pour imaginer des mots, et cette musique transparaît dans leur texte. D'autres parlent beaucoup de leurs sensations, de leurs émotions. Je trouve ça enrichissant de voir comment chacun imagine ses récits. »
Anne, 67 ans

Un peu de théorie

Quels sont les filtres neurologiques ?

Nous l'avons vu dans un chapitre précédent. Chacun perçoit le monde selon ses propres critères, en le décryptant à l'aide de sa propre grille de lecture : ainsi, pour un seul et même événement, les interprétations seront diverses, car chacun voit SA réalité, à travers une série de filtres qui va comme déformer sa vision des choses. Ces filtres peuvent être de trois natures : premièrement, les filtres personnels (l'histoire, les traumatismes de chacun, qui vont modeler notre vision du monde et de nous-mêmes), les filtres socioculturels (la culture, la langue parlée, les valeurs d'une société vont nous influencer aussi sûrement que notre histoire personnelle) et enfin les filtres neurologiques.

Les filtres neurologiques sont en fait nos cinq sens. Ces cinq sens nous permettent en effet de nous représenter le monde qui nous entoure : on peut le voir, le sentir, le toucher, le goûter et l'entendre. En PNL, on appelle donc ces filtres des « systèmes de représentation » : il y a donc le système Visuel, Auditif, Kinesthésique, Olfactif et Gustatif (VAKOG étant un moyen mnémotechnique pour se les rappeler tous dans un certain ordre). Ces différents systèmes nous « obligent » à avoir une certaine vision du monde, vision spécifique à notre espèce. Un chat ou une mouche n'appréhendent pas le monde de la même façon que nous : ils ne voient pas ou encore n'entendent pas les mêmes choses.

Les préférences du cerveau

La PNL propose une analyse originale du fonctionnement du cerveau : pour elle, le cerveau capte, trie, organise les informations issues de l'extérieur comme de l'intérieur de nous-mêmes, et ce de façon différente selon les canaux que ces données empruntent. Ces canaux peuvent être les yeux, les papilles gustatives, les oreilles…

Parmi les cinq sens, trois sont utilisés plus souvent que les autres : ce sont la vue (système visuel), l'ouïe (auditif) et le toucher (kinesthésique), sens qui regroupe aussi d'autres sensations, comme les émotions, la douleur, etc. Il est fréquent, en PNL, de ne pas citer l'odorat ou le goût, car ce sont des sens qui sont moins utilisés, ou de façon plus spécifique.

La PNL postule que chacun de nous a un système de représentation préféré : il faut l'imaginer comme une porte qui serait utilisée par les informations plus souvent que les autres portes. Ce système favori, qu'il soit visuel, auditif ou kinesthésique, conditionne ainsi la façon dont notre cerveau capte les données, les traite, les stocke, les récupère et les ressort. Dans son témoignage, Anne en donne un bon exemple. Avant d'écrire, elle dit qu'elle doit imaginer visuellement les scènes qu'elle va raconter : son système de représentation favori semble donc être le système visuel, mais d'autres vont plutôt être sensibles à une musique, à des sons, à des sensations pour s'exprimer.

VAKOG interne et externe

Nous ne faisons pas qu'appréhender le monde qui nous entoure, et toutes les informations que notre cerveau reçoit ne sont pas seulement issues du monde extérieur. Il nous arrive aussi, très souvent d'ailleurs, d'entendre une voix dans notre tête qui monologue, qui nous dit par exemple *« Je n'aurais jamais dû dire ça »* ou encore *« Mon Dieu, qu'il est pénible celui-là ! »* ou bien d'autres choses. Ces informations sont donc de nature auditive, mais elles viennent « de l'intérieur » : on les appellera des informations issues du système « Ai » (auditif interne), en opposition à des informations « Ae », c'est-à-dire issues du système auditif externe (tous les sons que l'on entend).

De même, quand vous visualisez une image, un souvenir, le visage d'un être cher que vous n'avez pas vu depuis longtemps, votre cerveau utilise finalement le même canal que quand il voit une scène se dérouler à l'extérieur de vous : le système visuel, que celui-ci soit interne (Vi) ou externe (Ve).

Enfin, le principe s'applique de la même façon pour tout ce que l'on ressent, que cela soit externe – Ke – comme la sensation de la pluie qui tombe sur vos cheveux, la brûlure sur vos doigts… ou interne – Ki – quand vous essayez de vous remémorer la sensation de votre premier baiser. Les émotions, considérées comme des interprétations subjectives de nos sensations, sont aussi des informations kinesthésiques.

À RETENIR

Les portes de la perception

La réalité n'est que le reflet de ce que captent nos cinq sens : ce sont des visions, des sons, des sensations, des odeurs et des goûts. Cette façon de percevoir les choses est propre à l'être humain, et même propre à chacun de nous. Un homme aveugle, par exemple, perçoit des choses différentes, et son cerveau les traite aussi différemment.

Les systèmes de représentation

Ainsi, nous utilisons différents systèmes pour nous représenter la réalité. Toutes les informations sont captées, traitées, emmagasinées et extériorisées de façon différente selon le canal qu'elles ont emprunté pour nous parvenir. De plus, chacun de nous a un canal favori, qu'il utilise en priorité, et qui va conditionner son modèle du monde.

Des informations internes ou externes

Enfin, nous percevons des informations qui peuvent venir de l'extérieur (quand nous voyons, entendons quelque chose qui se passe autour de nous), ou de l'intérieur (quand nous « dialoguons » avec nous-mêmes, visualisons des souvenirs...). La PNL code ces informations selon leur provenance : une image visualisée sera ainsi codée Vi (Visuel interne).

Les différents systèmes de représentation

« Ce que nous accomplissons à l'intérieur modifie la réalité extérieure. »

Otto Rank

Témoignage

« La dernière fois, je discutais avec mon mari d'un placement financier que notre banquier nous avait conseillé. J'avoue que je suis assez frileuse avec ce genre de projet, surtout par les temps qui courent : la crise n'épargne personne, et je ne pense pas qu'il faille prendre des risques inconsidérés quand la situation du pays est tellement instable. Bref, nous en discutions, et mon mari me dit : "Et toi, qu'en penses-tu ?"

À vrai dire, je ne savais pas trop ce que j'en pensais, parce que je ne m'y connais pas assez dans le domaine de la finance pour pouvoir prendre une décision. En revanche, je sais que quand le banquier nous a parlé de ce placement, je ne me suis pas sentie très confortable. Et maintenant que nous devons prendre une décision, la seule chose que j'arrive à vraiment bien sentir, c'est que justement je ne le "sens" pas, ce placement, et je ne suis vraiment pas à l'aise quand je pense que l'argent que nous avons économisé pendant des années risque de s'envoler loin de nous selon les cours de cette satanée bourse. Mais quand j'ai dit ça à mon mari, il a rigolé, et m'a dit : "Toi et tes sensations." *Seulement, je voudrais dire une chose : j'ai toujours fait attention à*

ce que je ressentais, et cela m'a toujours servi ! La preuve, je suis mariée avec le même homme depuis dix ans, et c'est une décision que je n'ai pas hésité à prendre une seule minute. Parce que quand j'ai le bon feeling, je fonce et rien ne me retient ! »
Clémence, 39 ans

Un peu de théorie

Le système de représentation conducteur

Nous avons vu que nous avions, en général, accès à cinq systèmes de représentation différents (le VAKOG), qui intervenaient ensemble pour nous aider à nous représenter le monde. Si l'on va un peu plus loin dans l'analyse de ces systèmes et du fonctionnement cérébral, on trouve également trois sous-systèmes de représentation : le système conducteur, le système principal, et le système de référence.

Chacun de ces trois systèmes a une fonction différente. Le système conducteur est, lui, spécialisé pour percevoir des informations et pour les récupérer dans notre « cerveau ». C'est celui que nous allons utiliser quand on va entendre, voir ou ressentir des informations externes ou internes, et c'est aussi celui que l'on va utiliser quand il s'agira de se remémorer un souvenir. Ce souvenir, d'ailleurs, pourra être de différents types : il pourra apparaître sous la forme d'une image, d'un son ou encore d'une sensation. En effet, notre système conducteur a aussi une porte de perception favorite. Pour savoir quel est votre système de représentation conducteur, il suffit de répondre à une question (parmi d'autres). Par exemple, quand vous pensez à une expérience vécue plutôt plaisante, qui vous a marqué, quels sont les premiers souvenirs qui vous viennent en tête ? Est-ce que ce sont des images, une chanson, un timbre de voix ? Ou sont-ce plutôt des sensations, des émotions ?

Le système de représentation principal

Le système de représentation principal est celui que l'on utilise pour traiter les informations reçues. C'est celui que l'on utilise quand on réfléchit à quelque chose qu'on essaie de se représenter, de modifier éventuellement. Par exemple, une personne à tendance visuelle (qui utilise la vue comme système de représentation principal) peut très bien entendre un son, et le transformer immédiatement en image dans sa tête. Par exemple, imaginons que vous entendiez l'air « Le Vol du bourdon », du compositeur Rimski-Korsakov. Les personnes auditives auront peut-être en tête le souvenir du bruit du moustique qui les a dérangées toute la nuit. Les personnes visuelles auront, elles, l'image d'un insecte voletant dans l'air d'été, butinant une fleur puis une autre. Et les personnes à tendance kinesthésique auront, elles, le souvenir douloureux d'une piqûre de guêpe quand elles étaient jeunes ! Ainsi, selon ce qu'elles auront imaginé pendant l'écoute de ce morceau, les différentes personnes auront, grâce à cette musique, imaginé un autre son, une image ou encore une sensation bien précise. Et elles classeront ce morceau en différents « endroits » de leur cerveau, suivant le système de représentation qu'elles auront utilisé. Attention cependant, il est possible qu'une même personne puisse avoir un système conducteur visuel et un système principal auditif, mais c'est plutôt rare.

Le système de représentation de référence

Ce système est celui qu'on utilise quand il s'agit d'évaluer des informations afin de prendre des décisions. Ainsi, un individu avec un système de référence de type visuel devra bien visualiser les choses, les rendre claires, évidentes, avant de prendre une décision. Un individu auditif aura plus volontiers la sensation d'une « petite voix » intérieure le guidant dans ses choix (un peu comme on imagine sa conscience : une petite voix raisonnable). Alors qu'un individu kinesthésique, comme Clémence dans le témoignage, aura plutôt de bons ou de mauvais « feelings », des

« intuitions » : il se fiera énormément aux émotions que les choses auront fait naître en lui, plutôt qu'à des preuves matérielles ou des discussions entendues.

Ainsi, pour savoir quel est votre système de référence préféré, il suffit de vous poser la question suivante : comment avez-vous choisi le dernier film que vous êtes allé voir au cinéma ? Est-ce parce que la bande-annonce ou le scénario vous a particulièrement ému ou est-ce parce que vous avez eu un bon feeling sur ce film (kinesthésique) ? Est-ce plutôt des images qui vous ont frappé ou impressionné ou une affiche qui a fait mouche et a attiré votre œil (visuel) ? Ou est-ce, enfin, la musique qui vous a attiré le plus, une histoire que vous auriez aimé vous raconter, une discussion flatteuse à propos de ce film qui vous a aidé à vous décider (auditif) ?

À RETENIR

Le système qui capte et récupère les informations

Tel est le rôle du système de représentation conducteur : c'est celui qui « conduit » les informations vers le cerveau, mais aussi « hors » du cerveau quand on doit se rappeler un souvenir. Ce souvenir peut d'ailleurs prendre plusieurs formes : une mélodie, une image ou des couleurs, ou encore une émotion dominante, selon son système préféré.

Le système qui traite et stocke les informations

Tel est le rôle du système de représentation principal. C'est celui qu'on utilise quand on pense à quelque chose : une sensation, un feeling, une image, une musique. Il fonctionne par association d'idées, et ces idées dépendent, encore une fois, de votre sens le plus développé (audition, vision, toucher…).

Le système qui aide à prendre les décisions

Enfin, le système de représentation de référence est celui qui va mettre un point final à vos décisions. Il intervient dans le processus décisionnel et vous influence d'une certaine manière. Ainsi, vous prendrez telle décision parce que vous « la sentez bien », ou encore parce qu'elle vous paraît plus « limpide » ou « plus claire » que les autres.

Apprendre à percevoir

« Il y a des fleurs partout pour qui veut bien les voir. »

Matisse

Témoignage

« La dernière fois, je parlais avec ma meilleure amie, Lise, de notre enfance à Issoudun. Je lui disais que je ne reviendrais vivre dans cette ville pour rien au monde, tellement elle m'avait laissé de mauvais souvenirs. En effet, à l'époque où je vivais là-bas avec mes parents, mes relations avec eux étaient désastreuses, et j'y étais très malheureuse. Bref, on parlait de cela parce qu'en ce moment, mon mari et moi essayons de faire un bébé, et que mon enfance me turlupine, car je me demande si je serai capable de créer des relations harmonieuses avec mon enfant. Au moment où on parlait de cela avec Lise, elle m'a regardée, et m'a dit : "Pourquoi est-ce que tu te frottes toujours le poignet gauche quand on parle de tes parents ? Ce n'est pas la première fois que je le remarque. Tu le fais aussi à chaque fois que tu es triste." *Sur le coup, je n'ai pas compris. Je lui ai dit :* "N'importe quoi, tu te fais des idées !" *Et Lise n'a pas osé aller plus loin sur le moment. Mais sa remarque a fait tilt dans ma tête. J'y ai repensé, et je me suis aperçu qu'elle avait raison. Je me suis alors posé la même question qu'elle, et je me suis souvenu que c'était ce poignet que ma mère avait cassé un jour où elle m'avait frappée avec une brosse à cheveux. Pour me défendre, j'avais levé les bras, et elle avait abattu sa brosse sur mon poignet, me le cassant net. Comme quoi, finalement, on ne se rend parfois pas compte des souvenirs que notre corps a conservés. »*

Claire, 31 ans

Un peu de théorie

Pourquoi observer ?

La PNL est une approche qui demande un sens de l'observation aiguisé. C'est une sorte de compétence prérequise, nécessaire pour pouvoir appliquer les préceptes de la PNL correctement, mais que l'on peut aussi améliorer, avec un peu d'entraînement.

Donc, que doit-on observer, et à quoi cela peut-il bien servir ? La PNL permet, en fait, de développer ses compétences relationnelles, via plusieurs techniques, mais qui demandent toutes d'apprendre à percevoir certaines choses. En effet, quand on dit qu'il faut « observer », cela ne se fait pas seulement avec les yeux : on peut aussi « observer », c'est-à-dire percevoir des indices intéressants, en écoutant ou en « ressentant » ce que fait et dit l'autre personne. Observer permet dans ces cas-là de jauger, sans juger, les réactions de l'autre, et d'agir en conséquence. D'ailleurs, ceci, vous le faites déjà tous les jours ! Quand votre patron arrive dans l'entreprise avec sa tête des mauvais jours, vous savez très bien que ce n'est pas le moment de lui demander une augmentation ou du nouveau matériel pour le bureau. À son attitude, sa façon impatiente de regarder ce qui l'entoure, sa démarche, son visage renfrogné, le ton de sa voix, vous avez compris qu'il n'était pas de bonne humeur. La PNL permet de généraliser cette technique, afin que vous puissiez adopter un comportement souple pour pouvoir vous adapter à toutes les situations.

Le conscient et l'inconscient

L'homme est un être coupé en deux parties inégales, mais qui communiquent l'une avec l'autre : le conscient et l'inconscient. Attention ! En PNL, nous n'utilisons pas l'inconscient comme en psychanalyse. En PNL, l'inconscient est tout simplement tout ce que nous faisons, ressentons, pensons, captons de façon inconsciente. Et la très grande majorité de ce que nous faisons est inconscient ! Par exemple, quand vous allumez votre cigarette, ou quand vous conduisez, vous ne pensez plus aux gestes que vous faites : ces derniers sont automatiques. Et heureusement ! Si vous deviez, à chaque fois que vous prenez la voiture, vous concentrer pour allumer le starter, passer la première, vous n'auriez pas l'attention suffisante pour faire attention aux autres automobilistes. Ces automatismes font donc partie du savoir-faire que vous avez accumulé.

Mais ces automatismes ne concernent pas seulement ce type de savoir-faire. Par exemple, comme le montre l'histoire de Claire, les automatismes peuvent aussi être des gestes dont vous n'avez pas conscience, que vous n'avez jamais « appris », mais qui signifient quelque chose d'important. Ainsi, ce genre de gestes, que l'on appelle un « microcomportement », en dit long sur votre état d'esprit : ils peuvent correspondre à des émotions heureuses ou au contraire malheureuses. Les repérer et en prendre conscience permet de leur donner un sens.

Ce que l'on peut observer

Les données observables sont divisées en trois grandes catégories : les données visuelles, auditives, et kinesthésiques. Apprendre à les percevoir vous permettra d'en savoir plus sur l'état d'esprit de votre interlocuteur, voire sur votre propre état d'esprit. Cela vous permettra surtout de les calibrer, c'est-à-dire d'établir une grille de lecture fiable. Par exemple, Claire sait maintenant, dès lors qu'elle se touche le poignet, qu'elle est triste ou en colère.

Les données visuelles se rapportent à la posture, la façon dont on respire, les expressions du visage et des yeux, ainsi qu'aux images internes que l'on voit dans sa tête (quand on s' « autocalibre »). Les données kinesthésiques sont les mouvements du corps, les différents gestes que l'on peut faire, les sensations et les émotions ressenties. Enfin, les données auditives sont, elles, le ton de la voix, le genre de mots utilisés et ce que l'on appelle le dialogue interne. Évidemment, certains de ces indices peuvent être observés chez les autres, et d'autres chez soi. En effet, ce que l'on ressent et observe chez soi donne aussi des indications sur l'état d'esprit d'autrui. Par exemple, si une personne vous parle et que vous ressentez un certain malaise, cela signifie peut-être que votre interlocuteur vous met mal à l'aise... inconsciemment. Il faut donc chercher chez soi ou chez l'autre ce qui provoque cette réaction.

À RETENIR

Bien observer permet de mieux s'adapter

En effet, savoir « calibrer » les réactions d'autrui et ses propres réactions est une des compétences relationnelles indispensable en PNL. Cela permet en effet de mettre à jour des comportements qui vous renseigneront sur l'état d'esprit de votre interlocuteur, et donc d'adapter votre comportement en fonction de celui de votre interlocuteur.

Faire attention aux gestes inconscients

Notre inconscient nous dicte un grand nombre de nos gestes quotidiens : faire nos lacets, conduire une voiture... Il nous dicte aussi certains gestes clés, dont nous n'avons donc pas conscience, mais qui sont des indices très précieux à repérer. Ces données inconscientes sont les premières à observer, car ce sont aussi les plus pertinentes.

Une grille de lecture très large

Il faut donc observer énormément d'indices différents : cela peut aller du mouvement des yeux au rythme de la respiration, du ton de la voix à la posture générale. Plus vous récupérerez de données, et plus votre observation sera subtile. N'oubliez pas d'observer votre propre corps et vos pensées, car ils peuvent aussi apporter des indices précieux.

Repérer un « visuel »

« Nous ne voyons pas les choses comme elles sont, nous les voyons comme nous sommes. »

Anaïs Nin

Témoignage

« Je me suis intéressé à la PNL à un moment clé de ma vie, après mon divorce. À ce moment-là, j'étais dans ma période "Je veux m'épanouir", et j'essayais de trouver ma voie, après avoir eu la sensation de me perdre pendant ces années de mariage. Un ami, fan de développement personnel, m'a passé des livres sur ce sujet, en me disant que cela me permettrait peut-être de me poser les bonnes questions, et d'envisager des activités et des centres d'intérêt nouveaux que je ne soupçonnais pas, trop occupée que j'étais alors à me battre pour la garde de Thomas, mon fils.

Bref, j'ai lu ces bouquins, et il m'est apparu évident que j'étais plutôt une personne avec un système de représentation "visuel" : j'aime les belles choses, je suis très sensible à l'esthétique. D'ailleurs, dans mon travail (je suis cuistot dans un petit restaurant), la présentation de mes assiettes est un point sur lequel je ne transige pas : j'estime que si c'est beau, le client trouvera forcément cela meilleur.

J'ai donc décidé de me mettre à la photographie, pour voir. J'ai commencé à photographier au hasard dans les rues, avec un appareil photo de base. Les premiers résultats ont été encourageants et j'ai continué. Je me suis acheté un meilleur appareil, et j'ai commencé

à photographier des personnes, des monuments qui me plaisaient. On me disait que j'avais l'œil. Et là, un couple d'amis m'a demandé si je voulais être la photographe de leur mariage. Peut-être une reconversion ? »
Inès, 43 ans

Un peu de théorie

Les personnes visuelles

Maintenant que l'on sait que nous avons tous un système de représentation préféré, il importe de savoir comment faire pour repérer ce système chez les autres, afin de pouvoir, le cas échéant, s'y adapter et améliorer notre communication. Il existe plusieurs moyens de le faire. Nous allons nous intéresser ici aux personnes dites « visuelles », et décrire les différents moyens de les repérer. Il en existe trois : le comportement général, les prédicats, et les mouvements oculaires (ceci est d'ailleurs valable pour les personnes à tendance auditive et kinesthésique).

Dans leur comportement général et leur personnalité, les personnes visuelles préfèrent les dialogues en face à face aux conversations téléphoniques, pendant lesquelles elles se révèlent laconiques, voire expéditives. Elles ont d'ailleurs une bonne mémoire des visages, et n'en oublient aucun, même si elles ne se souviennent pas forcément de leur nom. Ce sont des personnes très imaginatives, créatives, mais qui peuvent avoir du mal à transformer leurs idées en mots : elles préfèrent s'exprimer en utilisant des photos, des images, des schémas ou des diagrammes. D'ailleurs, vous pouvez leur demander de vous faire un plan, elles ont un excellent sens de l'orientation. Enfin, elles lisent rapidement, sont souvent excellentes en orthographe, et sont capables de synthétiser énormément d'informations en très peu de temps.

Les prédicats

Les prédicats sont des indices précieux pour connaître le système de représentation de quelqu'un. Ce sont les mots qu'on utilise pour expliquer quelque chose, ou les expressions que l'on dit souvent, qui, par leur fréquence, indiquent le système utilisé. Certains mots sont importants, d'autres moins. Par exemple, la phrase *« Je suis d'accord avec toi »* ne contient aucun prédicat : c'est une phrase neutre, qui n'a aucune valeur visuelle, auditive ou kinesthésique. En revanche, si on vous dit *« C'est clair, je vois tout à fait ce que tu veux dire »*, alors vous pouvez être sûr que l'autre a vraiment à ce moment-là une image interne de ce que vous lui dites. Donc, si cette personne multiplie ce genre de phrases à connotation visuelle, vous pouvez en conclure que c'est certainement une personne plutôt visuelle.

Les prédicats sont donc des expressions ou des mots qui vont, dans le cas d'un visuel, être très « imagés ». Les personnes visuelles s'expriment beaucoup par « métaphores » : elles diront des choses comme *« Tu vois », « C'est clair », « Je vois le bout du tunnel », « Je ne vois pas du tout ce que tu veux me faire comprendre », « La perspective est claire », « Je dois visualiser ce que je vais faire avant de le faire »*, etc. Évidemment, plus les prédicats visuels seront nombreux, plus vous avez de chances que la personne qui les dit ait un système de représentation visuel.

Les mouvements oculaires

La clé d'accès aux mouvements oculaires est une des grandes théories de la PNL. Sans rentrer dans les détails trop techniques, la façon dont nous déplaçons nos yeux serait le signe d'une certaine activité cérébrale, et serait donc un signe déterminant pour repérer les différents systèmes de représentation. En effet, les yeux peuvent bouger sur deux axes : l'axe vertical et l'axe horizontal. Ainsi, selon l'endroit où les yeux se tournent pour réfléchir (en haut à gauche, en bas à droite…), un PNListe saura si la personne réfléchit en faisant appel à son système de représentation visuel, auditif ou kinesthésique.

Pour illustrer cette théorie, faisons un test : pensez à la dernière chose que vous avez vue à la télé. Cherchez à vous remémorer cette dernière image. Si vous êtes droitier (la latéralité – le fait que vous soyez droitier ou gaucher – est importante en PNL), il y a de fortes chances pour que vos yeux aient fait un mouvement vers le haut (signe d'une représentation visuelle) et vers la gauche (signe d'un fait situé dans le passé). Si, au contraire, nous vous demandons d'imaginer dans les détails l'allure de votre future maison, il y a de fortes chances que vos yeux fassent un mouvement vers le haut et vers la droite, qui est le côté de l'imagination et du futur : vous donnerez alors lieu à ce que l'on appelle un « visuel construit », à opposer à un « visuel remémoré ».

À RETENIR

Des comportements différents

D'après la PNL, une personne à tendance visuelle ferait preuve en effet d'un comportement spécifique à ce système de représentation. Ainsi, ce type de personne aurait une grande facilité à se remémorer des images, des visages, ou des itinéraires. Ces personnes seraient en outre créatives, et s'exprimeraient beaucoup par des dessins ou des schémas.

Des mots différents

De plus, les personnes visuelles s'exprimeraient en utilisant des prédicats bien spécifiques, c'est-à-dire des mots clés imagés, métaphoriques, comme « C'est clair » ou « Tu vois ce que je veux dire ? » Ce sont des personnes qui auraient vraiment besoin de visualiser les choses que vous leur dites pour bien les comprendre et les assimiler.

Des mouvements oculaires différents

D'après la PNL, les mouvements oculaires ont leur importance, selon où ils se placent sur un axe vertical et horizontal. Ainsi, nous accéderions à un « visuel remémoré » (un souvenir) en plaçant nos yeux en haut à gauche, contrairement à un « visuel construit », auquel nous accéderions en plaçant nos yeux en haut à droite (si l'on est droitier).

Repérer un « auditif »

« Si tu écoutes bien les choses, tu peux les entendre chanter. »

Ahmed Abodehman

Témoignage

« La semaine dernière, je faisais une présentation devant toute mon équipe. Mes subordonnés sont sérieux en général, et je n'ai pas besoin de leur dire que ce genre de réunion est très importante, vu qu'ils auront ensuite à retransmettre tout ce qui a été dit à leurs propres équipes. Je les encourage donc à prendre des notes parce que c'est pour moi la meilleure façon de retenir quelque chose. Bref, j'étais dans ma présentation, quand soudain, je me suis aperçu qu'un de mes chefs d'équipe ne prenait aucune note, ce que je trouvais surprenant car c'est quelqu'un de très professionnel. Comme je ne voulais pas non plus l'engueuler devant tout le monde, j'ai laissé tombé, et c'est après la réunion que je lui ai demandé de rester un peu pour parler avec lui.

Là, je lui ai demandé pourquoi il n'avait pris aucune note de tout ce qui avait été dit. Il a eu l'air gêné, et m'a dit qu'il n'aimait pas prendre de notes, qu'il préférait écouter, parce que c'est ainsi qu'il retenait le mieux. J'avoue que j'ai été surpris, et je lui ai demandé de me faire un petit résumé de la réunion. À ma grande surprise, il l'a fait sans souci, et je me suis donc excusé. Christophe m'a dit alors qu'il avait toujours fonctionné comme cela depuis tout petit, et qu'il lui arrivait même, à la faculté, d'enregistrer les cours afin

de pouvoir se les repasser plus tard. J'ai trouvé que c'était une très bonne idée, et depuis, il apporte son enregistreur à chaque réunion importante ! »
David, 39 ans

Un peu de théorie

La personne à tendance « auditive »

Comme nous l'avons vu avec les personnes à tendance visuelle, le système de représentation que nous utilisons en priorité implique aussi une certaine façon de se comporter, de capter l'information et de la restituer. Évidemment, cela reste assez « caricatural », et le « portrait » qui va suivre présuppose que tous les systèmes de représentation d'une personne (conducteur, principal et de référence) utilisent en priorité le canal auditif. Mais une telle situation n'est pas rare, et c'est pour cette raison que nous nous permettons de faire ce portrait (les personnes auditives s'y reconnaîtront certainement).

Ainsi, une personne auditive a, comme Christophe dans notre témoignage, la particularité de mieux retenir les faits entendus plutôt que lus. C'est quelqu'un qui privilégiera la communication orale évidemment, et cela ne le dérange donc pas de passer du temps au téléphone. D'ailleurs, même si ce dialogue est direct, il est probable qu'il ne vous regardera pas vraiment, occupé à enregistrer les informations en les faisant « résonner » en lui. C'est évidemment quelqu'un qui sera sensible aux sons, que ce soit de la musique ou des tons de voix. Il s'exprimera souvent avec une voix mélodieuse, et sera par exemple sensible à l'accentuation des langues étrangères et très bon pour les imiter. Il prendra également une décision en écoutant attentivement « sa petite voix » interne.

Les prédicats spécifiques aux « auditifs »

Ainsi, une personne auditive s'exprimera en utilisant beaucoup de termes à connotation musicale ou sonore. Il saura qualifier de façon très précise les sons et les voix qu'il entend. Ses expressions favorites seront par exemple *« Écoute », « Je me dis que », « Ça me parle bien » ou encore « J'ai bien entendu ce que tu avais à me dire »*. En outre, il utilisera des mots comme écouter, questionner, sonner, dialogue, accord, désaccord, musical... Pour lui, le monde se divisera en deux parties : les choses qui « sonnent bien », qui semblent « harmonieuses », et les choses qui « n'ont aucune résonnance » ou les gens avec qui il « ne s'entend pas ou plus ».

Il est possible de « muscler » son système de représentation auditif, si vous avez par exemple une préférence pour le système visuel ou kinesthésique. Ainsi, après avoir lu ces lignes, posez-vous un moment, à l'endroit où vous êtes. Essayez de capter tous les sons qui vous entourent : le plus important étant d'essayer de les qualifier, de les décrire. Vous pouvez en déterminer la fréquence (aiguë, basse), le rythme (lent, rapide), le volume et l'intensité (fort, faible, crescendo...), la localisation, le timbre... S'entraîner à qualifier les sons autour de soi permet, le moment venu, d'avoir une grille de lecture très large, et donc plus subtile, quand vous devrez vous synchroniser à une personne auditive. À vous de jouer !

Les mouvements oculaires spécifiques

La zone de l'auditif est, elle, celle qui se situe au niveau latéral, vers la droite ou vers la gauche. Comme pour le visuel, on peut aussi solliciter un auditif remémoré (les yeux se tournent vers la gauche) et un auditif construit (les yeux se tournent vers la droite). Pour accéder à l'auditif construit d'une personne, on lui demandera par exemple de penser à la voix de sa mère, ou encore de se rappeler l'air de sa chanson favorite.

Mais attention, il peut arriver que la personne tourne ses yeux vers le haut avant de les tourner vers la gauche à hauteur de ses oreilles. Cela peut signifier que cette personne est plutôt visuelle, et qu'elle a eu besoin de se remémorer le visage du chanteur avant de se rappeler des chansons qu'il chantait. Le premier mouvement que l'on fait est toujours celui qui trahit notre système de représentation favori, avant que l'on se concentre sur la question posée. Cela marche d'ailleurs dans l'autre sens : il sera plus difficile de se rappeler d'une image en baissant les yeux.

Mais il n'existe pas seulement les sons que l'on entend à l'extérieur, il y a aussi cette petite voix intérieure qui produit des jugements, des évaluations ou qui réfléchit. Les mouvements oculaires qui l'accompagnent sont dirigés vers le bas et la gauche. Vous pouvez essayer en faisant le bilan de vos sept derniers jours (intérieurement).

À RETENIR

Les personnes auditives

Ces personnes-là peuvent sembler manquer d'attention, surtout pour les individus qui ne sont pas auditifs, car elles retiennent les choses en écoutant (et parfois sans regarder leurs interlocuteurs), et non en lisant ou en écrivant. Ce sont des personnes à la voix souvent harmonieuse, pour qui l'harmonie est justement quelque chose d'important.

« Tu m'entends ? »

De même, ce type d'individu utilisera des termes et des expressions bien spécifiques, comme *« Ça ne me parle pas »*, ou *« On ne s'entend plus »*. Ce seront des personnes sensibles au bruit, qui le fuiront si elles le trouvent discordant, et aussi sensibles aux voix, qu'elles seront capables de décrire de façon très précise.

Les clés d'accès oculaires auditives

Pour faire appel au système de représentation auditif, les yeux se tournent souvent sur le côté, que ce soit du côté de l'oreille gauche (pour se souvenir de sons ou de musiques déjà entendus) ou du côté de l'oreille droite (pour l'auditif construit). Mais on accède à sa voix intérieure (le dialogue interne) en tournant les yeux en bas à gauche.

Repérer un « kinesthésique »

« Mais je n'ai rien à faire des idées ou de l'éternel. Les vérités qui sont à ma mesure, la main peut les toucher. »

Albert Camus

Témoignage

« Je pense être quelqu'un d'assez... intuitif. J'ai un raisonnement qui paraît souvent un peu bizarre, en tout cas c'est souvent ce que me dit ma femme, qui elle est très terre à terre et pragmatique. Par exemple, quand je rencontre quelqu'un, je me fie beaucoup au feeling que j'ai avec cette personne, avant de "décider" si c'est une bonne personne ou pas, et je me trompe rarement.

Je pense aussi avoir un rapport au corps assez bizarre, comme fusionnel. Mais bon, je fais du théâtre pour gagner ma vie, et je suppose que cela vient de là (ou que c'est au contraire parce que j'ai un rapport au corps spécial que je me suis dirigé vers les arts dramatiques). Au théâtre, c'est vrai que la voix, la diction, tout cela est important, mais ce que tu fais passer par ton corps l'est tout autant. Dans ta démarche par exemple, tu peux faire passer tout un tas d'émotions : la confiance en toi, la timidité, la colère, la tristesse... D'ailleurs, je me suis spécialisé dans ce qu'on appelle les exercices de clown, qui sont un peu spéciaux. J'anime des stages de quelques jours, dans lesquels l'expression corporelle joue un rôle prédominant : les stagiaires doivent choisir un masque, qui sera leur masque attitré, et construire leur propre clown, en s'aidant de vêtements, de maquillage, d'une démarche, d'une expression parti-

culière, et ne peuvent s'exprimer que par ce moyen. Ils apprennent à écouter et utiliser leurs corps, et la plupart, d'ailleurs, reviennent pour un deuxième stage ! »
Amedeo, 32 ans

Un peu de théorie

Les personnes kinesthésiques

Le système de représentation kinesthésique est un système très complexe, dans la mesure où il regroupe des choses qui peuvent sembler différentes (émotions et sensations). De fait, ce système a une logique différente des autres systèmes. Les systèmes auditif et visuel représentent des outils pour élaborer nos cognitions, c'est-à-dire nos pensées : ce que nous voyons, visualisons, entendons nous permet de réfléchir, de penser. Le système kinesthésique est différent, dans la mesure où il englobe nos émotions et nos sensations, qui ne sont pas forcément des cognitions. En bref, le système kinesthésique donne le pouvoir au corps, plutôt qu'à l'esprit, et sous-entend que certaines choses ne peuvent se résoudre qu'en écoutant son corps.

De fait, les personnes dont le système de représentation est purement kinesthésique sont plutôt minoritaires. Ce sont en général des personnes plutôt sensibles, qui, comme Amedeo, ressentent plus les choses qu'elles ne les pensent vraiment. Ce sont des intuitifs, qui doivent « sentir » les choses, les gens, les décisions. Ce sont en général des personnes assez lentes, car harmoniser le corps et l'esprit sur une décision prend du temps. En outre, pour comprendre les choses, elles ont besoin de bouger, de toucher. Elles font aussi beaucoup de gestes ; ce sont par exemple les personnes qui vont marcher de long en large quand elles seront au téléphone.

Les prédicats kinesthésiques

Comme on a pu le voir précédemment, les personnes à tendance kinesthésique entretiennent un rapport presque « fusionnel » avec leur corps (si l'on peut dire). Elles lui font confiance, l'écoutent, et parlent donc beaucoup de lui. Elles disent des mots comme *« Je ressens comme une boule dans le ventre », « J'ai un super feeling par rapport à ce projet »* ou encore *« C'est quelque chose qui m'a profondément touché ».* Pour elles, leurs émotions sont très importantes, et elles n'ont aucune gêne à en parler, ni à les montrer, que ce soit de façon simple et directe, ou sublimée (la danse est une façon de sublimer ses émotions en utilisant son corps).

Il est plutôt salutaire, quand on a un système de représentation à tendance auditive ou visuelle, de solliciter son système kinesthésique le plus souvent possible. En effet, le corps apporte énormément d'indices sur son environnement, et se couper de son corps n'est jamais judicieux : on se coupe alors de ses sensations, de ses émotions. De plus, on peut faire de petits exercices qui ont pour but de détendre le corps, afin de mieux le ressentir. Les exercices de respiration abdominale (qui sollicite le diaphragme et encourage une respiration profonde et consciente), de méditation, de « pleine conscience », ou de « clownerie » sont de bons moyens de solliciter son système kinesthésique.

Les clés d'accès au système kinesthésique

Nous avons vu que les clés d'accès oculaires pour accéder à son système visuel étaient plutôt dirigées vers le haut, et que celles pour accéder à son système auditif étaient plutôt situées au niveau latéral, ainsi que vers le coin bas et à gauche. Il nous reste donc, pour accéder au système kinesthésique, la zone basse et à droite. En effet, quand on cherche une information sur ses émotions ou ses sensations, et qu'on veut s'y connecter, les yeux ont naturellement ce mouvement descendant et latéral. Ainsi, pour accéder à cette clé, détendez-vous : n'ayez pas peur d'affaisser votre tête et vos épaules, et pensez par exemple à la sensation de vos pieds nus sur le carrelage, ou sur du sable fin. Imaginez la chaleur du soleil sur votre nuque. Pensez aussi au goût d'un plat que vous adorez et qui vous rappelle les émotions de votre enfance. Ou encore, pensez à l'odeur de votre conjoint.

Vous pouvez aussi vous entraîner à repérer les mouvements oculaires d'une autre personne, en lui posant des questions de façon à ce qu'elle réfléchisse pour aller chercher les informations en son for intérieur. Il faut être particulièrement observateur, car ces mouvements peuvent être très rapides. Retenez cependant que les premiers mouvements que l'on fait sont en général ceux de notre système de représentation préféré, et que l'on modifie ces mouvements en fonction de la question posée.

À RETENIR

Esprit et corps connectés

Les personnes kinesthésiques font en général très attention à ce que leur disent leurs corps, car c'est leur outil favori pour appréhender le monde qui les entoure. Ainsi, ce sont des personnes sensibles, émotives, et qui n'ont pas peur de leurs émotions. Elles peuvent sembler « bizarres », ou incohérentes, mais sont en général très intuitives.

Des mots qui parlent de sensations

Ainsi, les mots qu'elles vont utiliser désignent souvent des sentiments, des sensations, des émotions. Les adjectifs qu'elles utilisent sont très concrets, attachés à la réalité physique. Elles diront par exemple *« L'ambiance était plutôt lourde », « La pression est forte », « Je ne sens pas du tout ce type, il semble mou »*, etc.

Des clés pour accéder à son corps

En général, on baisse les yeux plutôt vers la droite quand on veut accéder aux sensations et aux émotions. Les sensations gustatives et olfactives se trouvent d'ailleurs au même « endroit ». Des exercices divers peuvent aussi vous aider à accéder à ce genre d'informations plus facilement, comme des exercices de respiration abdominale.

Les limites du langage

« Il les éclairera sur le caractère de notre langue, sur ses entraves et ses ressources, sa richesse et son indigence, la sagesse de ses lois et la singularité de ses bizarreries. »

Jean Le Rond d'Alembert

Témoignage

« L'année dernière, je suis partie en Asie, pour visiter plusieurs pays : la Thaïlande, le Laos, la Chine, le Japon, etc. Je suis restée un peu plus longtemps en Corée du Sud, parce que j'y connaissais quelqu'un, et que cette personne m'avait proposé de rester un trimestre entier pour prendre des cours de coréen. J'ai évidemment sauté sur l'occasion, car rien ne me plaît plus que de découvrir de nouvelles cultures. Et puis j'avais pris une année sabbatique, donc il fallait bien m'occuper.

Là, j'ai découvert une culture vraiment fascinante, très influencée par la Chine et le Japon, me semble-t-il. La langue coréenne est elle-même assez simple dans la forme, mais elle est en fait très complexe. Par exemple, la politesse coréenne est très différente de la politesse française, et cela est évident dans le langage. Là où le français ne connaît que le « tu » et le « vous », le coréen a au moins 4 niveaux de politesse différents, du « superpoli » quand on s'adresse à son patron, au « familier » quand on parle à une copine. Et le verbe ne s'accorde pas avec le sujet, mais avec le niveau de politesse que l'interlocuteur implique par rapport à celui qui parle. C'est compliqué certes, mais j'ai trouvé ça très parlant : une langue véhicule

vraiment la culture, les valeurs et la philosophie des peuples qui la parlent. Je serais bien curieuse de savoir ce que les Coréens pensent du français ! Mais j'espère qu'il leur paraît aussi fascinant que le coréen l'est pour nous ! »
Fabienne, 28 ans

Un peu de théorie

« *La carte n'est pas le territoire* » (bis)

Nous avons vu au début de cet ouvrage que la PNL considérait que chaque personne avait en tête son propre modèle du monde, sa propre façon de considérer les événements autour d'elle, ses propres raisonnements, et que sa « carte » différait toujours de celle de son voisin. Nous avons également vu que ce qui provoquait ces différences individuelles paraissait être des « filtres » : neurologiques, personnels et culturels. Enfin, nous avons précisé que parmi les filtres culturels, le langage notamment, était un filtre très puissant. Nous allons voir pourquoi ici.

Imaginons deux personnes. L'une d'elles est un peintre impressionniste, l'autre est un marin. Imaginons que vous demandiez à ces deux personnes de vous décrire en détail leur vision du ciel. Évidemment, vous vous doutez que le peintre va vous parler d'une explosion de couleurs, de scintillements, de dégradés ou de camaïeus ; et le marin va vous parler de la position des étoiles, des nuages qui menacent, de la lune et des marées. Il faut donc comprendre une chose : la façon dont nous nous exprimons, le vocabulaire que nous choisissons parmi tout le vocabulaire à notre disposition et la langue que nous parlons conditionnent notre expérience et plus encore l'expérience de celui qui nous écoute. En d'autres termes, le ciel n'aura ni la même couleur, ni la même fonction, selon que c'est un marin ou un peintre qui en parle.

Aller plus loin que le mot

Ainsi, notre façon de nous exprimer sur le ciel va en quelque sorte conditionner la vision que vous aurez de ce ciel. De même, l'expérience que vous ferez dans une certaine situation sera différente de l'expérience que vous décrirez à votre interlocuteur. Les linguistes ont appelé ces deux éléments « structure de surface » (les mots) et « structure profonde » (l'expérience subjective). La structure de surface, c'est-à-dire la langue, les mots et les expressions que vous utilisez sont comme des codes acceptés par tous, dépendants de la culture, et dont la signification peut être très différente selon les individus. Ainsi, si cent personnes définissent le mot « liberté », on aboutira probablement à cent définitions différentes.

Un des buts de la PNL est de tenter de faire correspondre le plus possible la structure de surface (les mots) et la structure profonde (l'expérience subjective). Cela permet, entre autres choses, de composer un modèle du monde élargi, plus riche, plus « fidèle » à la réalité (le mot « dépression » est une étiquette qui ne transmet que des informations partielles sur l'expérience subjective de l'individu dépressif). Et cela permet aussi de trouver des moyens fiables pour limiter les interprétations hasardeuses et approximatives pour avoir une idée vraiment précise d'une expérience, d'un fait, ou d'un sentiment éprouvé, pour mieux comprendre son interlocuteur.

Le double filtrage de la réalité

Éviter les interprétations et les imprécisions, et retrouver l'expérience d'origine est en fait un objectif primordial en PNL. En effet, le langage est l'outil que les êtres humains ont mis au point pour décrire leurs modèles du monde, et il est en cela imparfait (puisque chaque modèle du monde est « imparfait » car incomplet).

En effet, avant même que quelqu'un s'exprime sur un sujet quelconque, il faut comprendre que ce qu'il va dire est déjà passé à travers plusieurs filtres différents. Ainsi, dans un premier temps, quand un événement passe les portes de votre perception, vous allez lui faire passer tout un tas de filtres, déjà évoqués. Ces filtres vont laisser entrer cet événement dans votre mémoire, mais accompagné d'un avis, d'une opinion, d'un regard, le vôtre, sur cet événement précis. Ce qui constitue déjà une première « déformation ». Et la deuxième « déformation » arrivera quand vous décrirez cet événement (en général accompagné de l'opinion) à un interlocuteur, c'est-à-dire quand vous passerez de la structure profonde à la structure de surface.

La PNL retient trois mécanismes déformant votre expérience subjective. Ces trois mécanismes sont la généralisation, la sélection et la distorsion. Ce sont de formidables outils pour apprendre, changer, évoluer, mais ces outils peuvent aussi nous empoisonner la vie en nous empêchant de voir la vie telle qu'elle pourrait être.

À RETENIR

Dis-moi comment est ton ciel...

Je te dirai qui tu es ! Le langage est en effet un filtre très puissant, qui aide à transformer la réalité pour la rendre conforme à ce que nous voyons en elle, et à ce que nous voulons que les autres voient en elle. Étudier le langage, ses déformations et ses incidences sur notre modèle du monde a été l'un des premiers objectifs de la PNL.

Structure de surface et structure profonde

D'après la linguistique, la structure de surface (les mots) est toujours moins riche que la structure profonde (l'expérience de la vie). Un des objectifs de la PNL est d'enrichir, d'affiner, de préciser les modalités et les nuances de la structure de surface afin d'arriver à la description la plus minutieuse possible de la structure profonde.

Éviter jugements et interprétations

En effet, le langage nous oblige à interpréter la réalité, en utilisant notamment des mécanismes déformants : la généralisation, la sélection et la distorsion. Connaître ces trois mécanismes et leurs nuances permet de justement les éviter, car ils peuvent être porteurs de croyances limitantes, voire destructrices, en interprétant à tort la réalité.

Les processus de généralisation

« C'est ce que nous pensons déjà connaître qui nous empêche souvent d'apprendre. »

Claude Bernard

Témoignage

« Mon père est quelqu'un d'assez… tranché. Je ne l'ai jamais vu hésiter à donner son avis sur des sujets aussi divers que polémiques : la guerre du Vietnam ("Les Amerlocs sont des guignols ! "*), la guerre d'Indochine (*"Les soldats français sont des guignols ! "*), la place des femmes dans la société (*"Elles doivent s'occuper des enfants et faire la cuisine"*), la façon dont j'ai éduqué mes quatre filles (mal, évidemment…), etc. Le pire, c'est qu'on ne sait pas d'où vient ce genre de sentence définitive. Je suppose que cela vient de son éducation, de son milieu, de ses parents aussi, qui étaient un couple à l'ancienne : ma grand-mère était femme au foyer et mon grand-père représentant en parapluie.*

En fait, mon père a tendance à classer les choses en deux catégories : c'est bien ou c'est mal, sans entre-deux possible. Par exemple, dans le petit village où il habite, il n'y a pas un seul "étranger". Mais une amie de ma mère s'est fait agresser un soir par deux voyous, tous les deux noirs, à Nantes. Et depuis, évidemment, les Noirs sont considérés à la maison comme l'Antéchrist et l'apocalypse réunis. J'ai beau lui dire qu'ils ne sont pas tous comme ça, que mon meilleur ami, noir, n'a jamais fait ce genre de choses, il balaye ce genre d'exemple de la main en disant : "Adrien, ce n'est pas pareil." *Ça*

me désole de le voir rétrograde et raciste presque, mais bon, je n'y peux pas grand-chose, à part éviter que mes filles entendent ce genre de choses trop souvent. »
Adrien, 43 ans

Un peu de théorie

La généralisation, un moyen d'apprentissage

Nous avons vu dans les chapitres précédents que nous avions à notre disposition trois facultés de modélisation (fabrication de modèles) pour pouvoir « imprimer » en quelque sorte la carte qui nous aidera à nous orienter sur notre territoire. Ces trois mécanismes sont la généralisation, la sélection et la distorsion. Ces mécanismes nous permettent, après avoir observé et filtré la réalité, de nous l'approprier, de la transformer en pensées, en mots et en opinions.

La généralisation est, à l'origine, une excellente façon d'apprendre : c'est d'ailleurs un des mécanismes au cœur de nos facultés d'apprentissage. Cela permet de déduire à partir d'une seule expérience (ou de plusieurs expériences répétées) des généralités, des règles, des normes. Par exemple, si, enfant, vous vous êtes électrocuté en mettant les doigts dans une prise, il y a de fortes chances pour que cette expérience vous ait permis de ne plus jamais mettre les doigts dans une prise. Vous avez donc déduit, à partir de votre première expérience, que mettre son doigt dans une prise était douloureux, et qu'il ne fallait donc plus le faire. L'ennui, c'est que ce genre de modélisation peut aussi créer des croyances limitantes, comme dans le cas du père d'Adrien : à partir d'une expérience malheureuse arrivée à une connaissance, il en déduit que tous les Noirs sont dangereux. Ce qui est évidemment une généralisation abusive.

Les différents types de généralisation

D'abord, on peut faire ce que l'on appelle des nominalisations. Cela consiste à prendre un fait isolé et à en faire un état permanent. Par exemple, si ce soir vous n'avez pas envie de parler, votre conjoint, inquiet, pourra vous dire : *« Tu refuses la communication avec moi ! »* De l'action ponctuelle de communiquer, ce que vous faites tous les jours avec lui, nous arrivons à un état permanent en « substantivant » le verbe.

Ensuite, nous généralisons en utilisant des « quantifieurs universels », c'est-à-dire des mots qui sont tellement définitifs qu'ils en deviennent souvent exagérés au quotidien. C'est le cas quand votre femme ou votre mari vous dit que vous arrivez TOUJOURS en retard, ce qui est certainement faux. On peut au moins trouver UN rendez-vous pour lequel vous étiez à l'heure !

De plus, on peut utiliser des verbes tels que « devoir » ou « falloir » qui impliquent en général des jugements, des obligations ou des interdictions que personne ne remet jamais en cause, et qui peuvent limiter notre liberté. Par exemple, on peut citer le père d'Adrien, qui énonce : *« Les femmes doivent rester à la maison. »*

Enfin, on peut aussi citer ce qu'on appelle « des affirmations à l'origine perdue ». Ce sont de grands préceptes qui sortent de nulle part, et qui dirigent nos vies en y instaurant des règles. Par exemple : *« C'est normal qu'un mari subvienne aux besoins de sa femme. »*

Les bonnes questions

Connaître toutes ces subtilités linguistiques permet, il est vrai, de briller en société mais surtout de savoir poser exactement la bonne question, en rapport avec le mécanisme employé. Ces questions servent à clarifier les propos de quelqu'un, à élargir sa carte, son modèle du monde, afin qu'il se pose les bonnes questions. Ces questions peuvent aussi être posées à nous-mêmes, quand on sent que nos pensées nous rendent malheureux.

Ainsi, chaque technique de généralisation a la question correspondante qui va aider votre interlocuteur à réfléchir, à voir les choses différemment. Par exemple, face à quelqu'un qui « nominalise », il est nécessaire de revenir au verbe substantivé, pour passer du général au précis. Par exemple, si l'on vous dit *« Il n'y a plus de respect dans cette société »*, il faut répondre *« À quoi voyez-vous qu'on ne vous respecte plus ? »* Face à quelqu'un qui dit *« toujours »* ou *« jamais »*, on peut par exemple essayer de trouver un contre-exemple : *« Vraiment ? Jamais ? Pas même une seule fois ? »* Face à quelqu'un qui s'oblige à faire telle ou telle chose, on peut demander *« Qu'est-ce qui t'oblige ou t'empêche de faire autrement ? »* ou encore *« Quelles seraient les conséquences réelles d'une infraction à ta règle ? »* Enfin, face à des « affirmations à l'origine perdue », le mieux est d'essayer de retrouver l'origine, en posant de préférence la question *« Qui ? »*

À RETENIR

La généralisation, un outil (parfois) formidable

La généralisation nous permet d'apprendre rapidement, en tirant d'un fait une règle plus générale, comme peuvent le faire les enfants. Cependant, ce mécanisme peut aussi avoir des effets pervers, en créant des croyances limitantes à propos de certains faits. Le racisme, la xénophobie, la plupart de nos peurs et angoisses viennent de ce mécanisme.

Généraliser, mais comment ?

Notre cerveau généralise de différentes façons : en nominalisant certains faits et en en faisant des règles générales, en disant des mots comme « *toujours* » ou « *jamais* », ou encore des phrases comme « *Je dois* », « *Je ne peux pas* » ou « *Il faut* ». Nous généralisons aussi quand nous prenons à notre compte des clichés, des affirmations fausses mais répandues.

Les bonnes questions à poser

La PNL analyse tous ces mécanismes pour, entre autres choses, disposer d'outils précis pour savoir poser les bonnes questions. Ainsi, en cas de généralisation abusive, les bonnes questions sont celles qui nous feront réfléchir à l'origine de telles croyances, ou qui nous pousseront à les remettre en cause, en établissant leur caractère erroné.

Les processus de distorsion

« Quand la légende est plus belle que la réalité, imprimez la légende. »

John Ford

Témoignage

« L'année dernière, je suis allée à un stage, payé par mon DIF, qui traitait de développement personnel et d'affirmation de soi. J'avais longuement hésité à m'inscrire à ce stage parce que je ne voulais pas qu'on se moque de moi, mais j'avais tellement eu l'impression de me faire marcher sur les pieds que je me suis dit : "Allez, si ça peut t'aider un peu, autant y aller."

Ce stage peut sembler idiot à certaines personnes, mais finalement j'en suis ressortie regonflée à bloc. En trois jours, on a traité beaucoup de thèmes différents, comme "apprendre à dire non", ou "gérer sa colère". Moi, par exemple, j'ai vraiment beaucoup de mal à dire non, parce que j'ai toujours peur de blesser l'autre, ou que l'on m'apprécie moins si je dis non. La formatrice m'a alors dit : "Qu'est-ce qui te fait penser que les personnes vont moins t'aimer si tu leur dis non ? Avec tes enfants, tu as déjà dit non, n'est-ce pas ? Est-ce que tu penses que cela a diminué l'amour qu'ils avaient pour toi ?" *Je me suis rendu compte que c'était vrai, et que j'associais finalement mal les causes et les conséquences, que j'exagérais certaines conséquences par exemple, notamment à cause de mon manque chronique de confiance en moi. Même chose quand je me dis :* "Je suis nulle si je n'arrive pas à finir ce dossier à temps."

Depuis, j'essaie de réfléchir posément aux conséquences réelles de mes actes, et paradoxalement, je me prends beaucoup moins la tête avec mes collègues. »
Clotilde, 36 ans

Un peu de théorie

La distorsion, ou l'art de transformer la réalité

La distorsion est un processus cognitif merveilleux, qui nous permet notamment de transformer la réalité pour créer quelque chose de nouveau. Les artistes, les poètes, les peintres, les musiciens utilisent à leur insu ce genre de mécanisme pour créer des tableaux, des poèmes, des romans… C'est la distorsion qui nous fait dire *« J'ai besoin de toi comme le jour a besoin du soleil »*. La distorsion est, en quelque sorte, une déformation du raisonnement, de la logique, de façon à pouvoir créer une réalité différente, plus belle dans ce cas-là, mais qui peut aussi se révéler nuisible.

Ainsi, la distorsion conduit également à déformer ce que nous percevons, pour nous le représenter d'une façon plus conforme à nos croyances. Dans le témoignage ci-dessus, la timide Clotilde déforme ainsi la réalité, en imaginant des conséquences tout à fait extraordinaires à une situation somme toute complètement ordinaire. Car si on y réfléchit vraiment, il serait en effet extravagant que les autres se mettent à nous détester tout cela parce que nous leur refusons ce qu'ils demandent (sauf dans certains cas, évidemment). Cette exagération, cette déformation des données se fait naturellement dans l'esprit de Clotilde, tout simplement parce qu'elle manque de confiance en elle. Et la situation distordue lui confirme, en retour, qu'elle ne vaut pas grand-chose. Croyance limitante s'il en est !

Les différents types de distorsion

Il existe en effet plusieurs façons de déformer la réalité pour qu'elle corresponde à nos croyances.

Premièrement, on peut établir des liens « logiques » entre deux situations, comme des liens de cause à effet erronés. L'exemple de Clotilde en est un. On peut donner d'autres exemples. Une fille peut se dire : *« Je suis grosse donc personne ne peut m'aimer. »* Cela lui paraît logique, mais ce lien de cause à effet est évidemment faux.

Deuxièmement, on peut déformer la réalité en opérant ce que l'on nomme des « lectures de pensées », c'est-à-dire en attribuant à d'autres personnes des pensées qui correspondent à ce que l'on imagine qu'elles pensent. On le fait tous les jours, en disant des choses comme *« Je sais très bien ce que tu penses »* ou *« Tu vas me trouver idiot, mais »*.

Troisièmement, les distorsions peuvent aussi être des « connexions cachées ». Ce sont par exemple des présupposés, des sous-entendus mais qui nous apparaissent comme allant de soi. Par exemple, des connexions se cachent dans la phrase suivante : *« Si elle savait combien je suis malheureux, elle ne ferait pas cela. »*

Enfin, le quatrième type de distorsion sont les équivalences complexes, quand on considère que deux situations différentes sont en fait équivalentes. C'est ce que se disent les amoureux déçus quand ils pensent : *« Elle ne m'a pas appelé. Elle ne m'aime pas. »*

Les bonnes questions

Poser les bonnes questions pour que votre interlocuteur (ou vous-mêmes) se rende compte des distorsions qu'il opère dans la réalité peut être délicat, car il faut éviter de le blesser. Ces questions doivent servir à rétablir la « vraie » signification ou le véritable sens d'une situation.

En ce qui concerne les connexions fausses, il s'agit ici de (se) poser la question suivante : *« Quel est le lien exact entre ces deux situations ? »* En d'autres termes, on peut (se) demander par exemple en quoi le fait d'être « grosse » vous empêche d'être aimée ? Même chose pour les équivalences complexes : en quoi ne pas appeler et ne pas aimer est-il similaire ?

On peut « démonter » les lectures de pensées en demandant des précisions sur les indices qui font que l'on croit que l'autre pense telle ou telle chose. *« Comment savez-vous que l'autre refusera de vous aider ? Comment pouvez-vous savoir ce qu'il ne sait pas encore, n'ayant pas toutes les informations en main ? »*

Enfin, les connexions cachées doivent être décodées, en mettant justement à jour ce qui est dissimulé. Ainsi, dans la phrase *« Si elle savait combien je suis malheureux, elle ne ferait pas cela »*, deux éléments sont présupposés. D'abord *« Comment ou pourquoi savez-vous qu'elle ignore votre mal-être ? »*, et ensuite *« Qu'est-ce qui vous fait penser qu'elle agirait autrement si elle savait que vous êtes malheureux ? »*

À RETENIR

La faculté de l'artiste

Opérer une distorsion de la réalité, c'est la transformer afin de la faire correspondre à notre vision du monde, à nos croyances. Ainsi, le peintre déforme la réalité quand il la couche sur une toile, mais personne ne s'en plaindra ! Évidemment, la distorsion peut aussi impliquer des raisonnements erronés, car conformes à des croyances limitantes.

Logique illogique

Ainsi, on peut déformer la réalité en établissant de faux liens de cause à effet, en croyant savoir ce que les autres pensent (déjà qu'il est parfois difficile de savoir ce que nous-mêmes pensons !), en jaugeant deux situations différentes de façon similaire, ou encore en établissant des connexions cachées (en supposant des faits a priori).

Redéfinir la réalité

Les questions que l'on pose dans ces cas-là sont faites pour remettre de la logique dans des raisonnements illogiques. Elles doivent trouver les connexions erronées et les faux raccourcis en demandant des précisions sur ces liens cachés. Elles doivent servir à annuler ses croyances afin de pouvoir imaginer des modèles du monde différents.

Les processus de sélection

« Ton esprit sera orienté par les choses que tu verras le plus souvent. »

Marc Aurèle

Témoignage

« Ces derniers temps, j'ai du mal à comprendre mon boss, d'habitude plutôt coulant. En fait, mon chef, Paul, ne supporte pas ma collègue, Aniça, qui lui a été imposée par la direction car elle est la fille du plus gros client de notre entreprise. Bon, c'est vrai que je suis toujours indignée par les pistons en tout genre, mais ce n'est pas le premier et ce ne sera certainement pas le dernier ! Je suis sûre que la plupart des cadres de notre boîte en ont bénéficié.

Bref. Moi, Aniça, elle ne me dérange pas. C'est vrai qu'elle a été pistonnée, mais elle ne s'en vante pas, et met franchement du cœur à l'ouvrage quand il s'agit de travailler. Elle est courageuse cette fille, et ne rechigne pas à faire des heures supplémentaires. Mais c'est vrai aussi qu'elle fait beaucoup d'erreurs, parce que je pense que ce n'est pas vraiment le métier pour lequel elle est douée.

Enfin, la dernière fois, je parlais donc avec Paul, et comme d'habitude, il critiquait Aniça. Le problème, c'est que j'ai l'impression qu'il ne voit en elle que ce qu'il veut voir : il ne remarque que ses erreurs et jamais ses efforts. Et même si Aniça essaie de rendre un rapport vraiment clean, il ne voit que les fautes d'orthographe, le texte qui n'est pas justifié, les petites coquilles… Sans voir que le travail est honnête au niveau des chiffres. Et même chose pour son

comportement, il ne voit pas les efforts qu'elle fait pour paraître sympa. Mais bon, allez essayer de le faire changer d'avis ! »
Tatiana, 32 ans

Un peu de théorie

Le besoin de cohérence

Un des besoins importants de l'être humain est ce que l'on appelle le besoin d'homéostasie, c'est-à-dire le besoin de cohérence. Ce besoin est celui qui nous pousse à chercher le statu quo, c'est-à-dire à ne pas changer, à essayer de rester le même, cohérent, que ce soit dans ses opinions ou ses valeurs.

La conséquence de ce besoin, c'est le processus de sélection. Ce processus se fait naturellement, et est notamment à l'origine de notre faculté de concentration. Par exemple, si vous êtes en train de travailler et que vous êtes très concentré sur votre tâche, vous n'entendrez peut-être pas les bavardages de vos collègues, ou le bruit de la photocopieuse, parce que votre cerveau, inconsciemment, aura considéré ces bruits comme indésirables, et ne les aura donc pas fait émerger de votre inconscient pour les faire entrer dans votre champ de conscience.

Ainsi, dans notre témoignage, nous assistons un peu au même mécanisme. Paul, le chef, n'aime pas Aniça. Pour rester cohérent avec son opinion, et parce qu'il est toujours perturbant de changer d'avis (à cause de son besoin d'homéostasie), Paul est donc « obligé » de sélectionner les informations qui vont dans son sens, c'est-à-dire les faits négatifs. Notons que le même mécanisme le pousserait à ne voir que les choses positives si Paul était amoureux de sa subordonnée ! Dans le langage, ce processus de sélection est aussi présent.

Les différents types de sélection

Sélectionner signifie omettre de parler d'informations importantes. Ce n'est pas vraiment mentir, mais cela permet en effet de « gommer » des éléments du « territoire » pour ne pas les faire apparaître dans notre « carte » personnelle.

Le premier type de sélection est la suppression simple. Cela consiste tout simplement à ne pas donner toutes les informations nécessaires, pour généraliser par exemple. Si vous dites que vous êtes nul, c'est un jugement très vague, qui omet beaucoup d'informations et de nuances importantes.

Le deuxième type de sélection est « la suppression de l'index de référence ». Cela consiste notamment à rendre le sujet de sa phrase très vague, voire inexistant, pour ne pas avoir à se justifier. Ce genre de sélection apparaît dans des phrases comme *« On m'a dit que j'étais incompétent »* ou encore *« Les autres ne veulent pas de moi »*.

Le troisième type de sélection est la suppression du comparatif. Cela arrive quand, par exemple, une personne se dévalorise constamment : elle se sent alors moins bien que le monde entier, et cela se sent dans sa façon de parler. Elle peut dire par exemple *« C'est mieux que je me taise »*, ou encore *« C'est pire si je fais quelque chose »*.

Enfin, on peut aussi utiliser des verbes vagues, dits « non-spécifiques », qui ne veulent pas dire grand-chose s'ils ne sont pas explicités : *« Ça m'embarrasse », « Je sais », « Je comprends »…*

Les bonnes questions

Les bonnes questions à poser seront, évidemment, les questions qui pourront servir à retrouver l'information manquante ou sous-entendue, afin d'avoir une vision plus détaillée du modèle du monde de la personne en question.

Ainsi, face aux supression simples, les questions sont aussi simples. On pourra demander : *« Tu dis que tu es nul, mais en quoi penses-tu être nul ? Quels sont les critères qui te font dire cela ? »* Même chose pour les suppressions de l'index de référence, ou celles du comparatif. Les individus cachent souvent les raisons de leur mal-être dans ce sujet délibérément vague, car préciser ce sujet, c'est souvent dire les causes douloureuses de leur mal-être. Par exemple, si vous vous dites *« Les autres ne veulent pas de moi »*, vous pouvez vous interroger sur l'identité de ces « autres ». Est-ce un rejet de votre famille, de votre conjoint, de votre meilleure amie ? Et est-ce que les personnes qui « ne veulent pas de vous » peuvent vraiment être qualifiées par « les autres » ? N'y a-t-il pas d'autres personnes, justement, qui ne vous rejettent pas ?

Enfin, les verbes non-spécifiques se doivent d'être précisés, remplacés par des verbes qui mettront vraiment des mots sur votre expérience sensorielle et émotionnelle. Ainsi, quand vous dites *« J'explique mal les choses »*, qu'est-ce que cela signifie vraiment ? Qu'est-ce que vous « expliquez mal » exactement ?

À RETENIR

La sélection : une manière de rester cohérent

En effet, la sélection nous permet en général de ne pas capter certaines informations perçues comme « inutiles » par notre inconscient : c'est ce qui fait par exemple que l'on puisse rester concentré sur une tâche en éliminant les bruits autour de nous. Mais cela peut aussi nous priver d'éléments importants pour faire évoluer nos opinions.

Les différents types de sélection

De même, dans notre langage, on peut éliminer certaines informations « gênantes », qui pourraient contrer nos raisonnements. Les omissions simples aboutissent par exemple à des généralisations sauvages (« Je suis nul »), de même que les omissions de l'index de référence, les suppressions du comparatif ou les verbes non-spécifiques et vagues.

Chercher l'information manquante

La PNL nous permet de nommer l'information manquante, afin de la chercher en posant les bonnes questions. Cela permettra à celui qui fait ce genre de sélection de réfléchir, de remettre en cause des interprétations erronées, ou encore de retrouver ce qui est à l'origine de ses sélections, pour, encore une fois, élargir son modèle du monde.

La synchronisation : un outil primordial

« Ce que nous faisons inconsciemment, nous pouvons apprendre à le faire consciemment. »

Josiane de Saint-Paul et Alain Cayrol

Témoignage

« Je suis quelqu'un d'assez nerveux. J'ai en général du mal à rester assis plus d'une heure. D'ailleurs, je me rappelle très bien que c'est ce qui m'indisposait le plus quand j'étais à l'école. Je suis sûr que j'aurais été un bien meilleur élève si on avait pu faire les cent pas dans la classe, ou faire cours dehors au lieu de rester les fesses sur une chaise toute la journée. Bref, je suis quelqu'un d'assez agité, et même si j'essaie, avec l'âge, de me calmer, mon naturel prend le dessus très souvent. C'est sûrement ce qui fait que je travaille maintenant en extérieur : je suis élagueur. J'aime beaucoup ce métier, car c'est un travail physique, que l'on fait dehors.

Ce qui est drôle, c'est que la seule personne qui peut me calmer, c'est mon meilleur ami, Christophe. Lui est aussi calme que je suis agité. D'ailleurs, nos amis communs n'en reviennent toujours pas qu'il soit mon meilleur ami, car nous sommes tellement différents l'un de l'autre ! Mais le truc, c'est que quand on est ensemble, j'ai un peu l'impression qu'il déteint sur moi, comme s'il me communiquait sa sérénité. Je parle plus lentement, je ne me sens pas obligé de combler les blancs, et je me surprends même, parfois, à presque m'assoupir,

calé confortablement dans un de ses fauteuils ! En fait, j'ai souvent l'impression que c'est la seule personne qui me comprenne vraiment, malgré nos différences. Au fond, on parle le même langage. Je crois que c'est ça les vrais potes, non ? »
Éric, 31 ans

Un peu de théorie

Définition de la synchronisation

La synchronisation est un des modèles issus de la PNL le plus utilisé dans les formations de management et de développement personnel, pour sa simplicité et sa praticité. Mais c'est aussi une « technique » que nous pratiquons tous les jours sans vraiment nous en rendre compte, quand, par exemple, nous discutons avec des amis ou avec notre conjoint(e). C'est donc une compétence que nous qualifierions d'instinctive, mais rien ne nous empêche de l'améliorer ! La synchronisation a pour but de créer un rapport, une connivence, pour inspirer à l'autre de la confiance et pouvoir instaurer une relation saine. Ce n'est pas, comme certains le pensent, une méthode pour manipuler autrui, bien que certaines personnes tentent d'utiliser cette technique pour séduire ou abuser autrui.

La synchronisation est tout simplement une façon de rentrer en douceur dans le modèle du monde de son interlocuteur, en appliquant quelques techniques simples. Évidemment, en tout premier lieu, l'important est d'observer son interlocuteur. Observer signifiant ici, encore une fois, regarder mais aussi écouter avec attention, de façon à « calibrer » petit à petit son interlocuteur. Cette calibration se fera sur deux plans : sur le plan de la communication non-verbale et paraverbale d'une part, et sur celui de la communication verbale d'autre part.

La synchronisation non-verbale et paraverbale

Ce type de communication comprend les postures, les mouvements, la démarche, les expressions du visage, le rythme de la respiration, mais aussi le ton, le rythme, la hauteur ou l'intensité de la voix. Tous ces éléments peuvent même représenter jusqu'à 93 % de la communication. Cela signifie que nous nous fions beaucoup à ce type de communication dans nos relations.

Seules les personnes ayant de bonnes, voire d'excellentes relations entre elles, se synchronisent vraiment : c'est d'ailleurs à cela que l'on peut voir du premier coup d'œil les couples amoureux dans les cafés ou les restaurants (ainsi que les couples qui ne le sont pas !).

Pour cette technique, le tout est d'imiter, tout simplement, certains éléments clés du comportement de votre interlocuteur. Mais attention ! Imiter ne signifie pas singer. Il faut être plus subtil, et imiter plutôt des micromouvements dont l'autre n'est pas forcément conscient, comme le débit, l'intensité et le ton de sa voix. Sa posture est également importante comme sa position assise ou le placement de ses mains et de ses jambes. Essayez ainsi de reproduire certains gestes, avec par exemple trente secondes de retard, afin de ne pas paraître automatisé. Ne tentez pas de vous synchroniser sur tout, allez-y progressivement. Évitez cependant d'imiter quelqu'un d'énervé, sous peine de faire monter l'agressivité. Faites-le dans de bonnes conditions.

La synchronisation verbale

La synchronisation verbale porte, elle, sur la signification des mots prononcés. Nous avons vu, dans un autre chapitre, que nous avions tous un système de représentation privilégié, qui influençait notamment la façon de nous exprimer. Ainsi, nous utilisons ce que l'on nomme des prédicats, qui correspondent à notre système de représentation, c'est-à-dire des sortes de mots clés donnant des indices sur notre façon de représenter notre modèle du monde personnel. En d'autres termes, quand une personne dit qu'elle n'y voit pas très clair dans cette affaire (système visuel), une autre peut dire qu'elle n'entend rien à tes salamalecs (système auditif), et une autre encore peut dire qu'elle ne le sent pas, que ça semble peu solide (système kinesthésique).

Se synchroniser sur le verbal consiste ici à repérer les prédicats utilisés par l'interlocuteur pour déterminer son système favori. Vous pouvez par exemple poser des questions sur des décisions qu'il a prises, sur ses hobbies, etc. Et une fois que les prédicats sont repérés, il faut établir un rapport en utilisant les mêmes prédicats, les mêmes métaphores. Utiliser le même langage qu'autrui pour communiquer étant, de fait, une vraie volonté de créer un rapport sain ! Cela équivaut un peu à apprendre une langue étrangère, car cela demande de l'oreille et de l'attention, surtout si votre interlocuteur a un système différent du vôtre.

À RETENIR

Une compétence innée

La majorité d'entre nous sait se synchroniser sur autrui. Ainsi, c'est souvent le signe distinctif d'une relation harmonieuse, d'un vrai « rapport », comme on l'entend en PNL, c'est-à-dire d'une relation basée sur la confiance. Mais vous pouvez apprendre à l'utiliser pour créer des relations et les faire perdurer, sans pour autant manipuler autrui !

« Imiter » l'autre subtilement

La synchronisation non-verbale est primordiale, car la communication non-verbale l'est tout autant. Elle peut représenter jusqu'à 93 % de la communication interpersonnelle dans certains cas ! Se synchroniser, c'est donc « imiter » de façon discrète et subtile les postures, attitudes et expressions de son interlocuteur, comme le font les vrais amis.

Utiliser les prédicats de l'autre

Une façon complémentaire de se synchroniser peut aussi être le fait d'utiliser à dessein les mêmes prédicats (mots clés sensoriels) et métaphores que son interlocuteur, de façon à entrer réellement dans son modèle du monde. Cela lui montrera, en outre, que vous le comprenez vraiment, même s'il ne saura certainement pas dire comment il le sait.

Appréhender le changement en PNL

« Le monde déteste le changement, c'est pourtant la seule chose qui lui a permis de progresser. »

Charles F. Kettering

Témoignage

« J'ai toujours été horriblement timide. Je sais que cela n'est pas unique au monde, mais cela peut vraiment me gâcher la vie dans certaines circonstances. Par exemple, la dernière fois, j'étais à une soirée organisée par des amis, et j'ai fait tapisserie, comme d'habitude. Du coup, j'ai décidé de partir dans la bibliothèque des parents pour regarder leur collection de livres anciens, et je me suis posée, tranquille. À ce moment-là, la porte s'est ouverte, et je suis tombée nez à nez avec le frère de mon amie, Bastien, venu là pour répéter tranquillement son texte (il est aspirant comédien) en attendant une audition prévue le lendemain.

Bastien est, je dois le dire, l'archétype de l'homme qui me plaît et en plus il était célibataire à ce moment-là. Donc, imaginez ma tête quand je me suis retrouvée face à lui dans une pièce romantique bourrée de bouquins ! J'ai commencé à bafouiller, rougir, bafouiller de plus belle, transpirer, pour enfin essayer de m'esquiver en donnant une excuse absurde. Et évidemment, trente minutes plus tard, quand je suis revenue chercher ma veste oubliée, je l'ai retrouvé avec Aline, aux anges, en train de lui donner la réplique.

Tout ça pour dire que j'en ai marre d'être timide, mais je ne sais pas trop comment faire pour ne plus l'être. Je sais juste que j'aimerais ne plus rougir quand quelqu'un me parle, ne plus manger mes mots quand je sens qu'un mec me regarde, ne plus baisser la tête quand quelqu'un me crie dessus, etc. »
Camille, 28 ans

Un peu de théorie

Le problème du changement

Un des objectifs de la PNL est de faciliter le changement d'une personne en une « meilleure » personne, c'est-à-dire une personne ayant accès à des outils concrets facilitant notamment la connaissance d'elle-même, la connaissance des autres, et de là, la pleine actualisation de soi (c'est-à-dire le développement optimal de soi-même) et la création de relations satisfaisantes avec autrui.

Le changement est donc au cœur de la PNL. Mais ce sujet peut être abordé sous différents rapports, et les réponses seront différentes selon les questions posées. Si l'on veut « changer », on peut par exemple se demander : *« Oui, mais quoi ? »* En effet, certaines personnes désireuses d'évoluer ne savent cependant pas exactement ce qui ne va pas. Où plutôt elles savent ce qu'elles ne veulent pas, mais ne savent pas forcément ce qu'elles veulent être ou ce qu'elles souhaitent changer.

Une autre question peut être la suivante : *« Puis-je changer ? »* En effet, la plupart d'entre nous ont une vision très réduite de leurs talents et de leurs ressources, et ne veulent pas croire qu'ils sont capables de faire aussi bien, voire mieux que leurs voisins, dont ils sont pourtant un peu envieux.

Enfin, une dernière question peut être : *« Comment opérer ce changement ? »* Une question beaucoup plus pratique, qui demande par exemple de savoir se fixer des objectifs, et de tout faire pour les respecter.

Faire le point sur la situation

La première chose à faire, donc, quand on veut changer, est de faire une sorte d'état des lieux sur la situation présente. Cela s'appelle, en PNL, faire le point sur l' « État Présent » (EP). Cela sert à obtenir des informations précises sur le problème à résoudre, dans un premier temps. D'ailleurs, notons que l' « État Présent » n'est pas forcément problématique. Il arrive ainsi que certaines personnes soient très heureuses, mais souhaitent acquérir de nouvelles compétences, pour mieux appréhender le futur par exemple. Cependant, en général, l' « État Présent » est en quelque sorte une compétence sous-développée qui implique des comportements limités dans la majorité des situations. Par exemple, imaginez que vous soyez timide et que c'est ce que vous voulez modifier. La timidité peut être considérée comme une compétence, l'extraversion, qui ne serait pas assez développée. De plus, elle implique dans beaucoup de situations des comportements limités (vous ne pouvez en « choisir » d'autres) : transpiration, rougissements. Ce qui engendre des occasions manquées (vous n'osez parler à cette personne qui vous plaît).

Interrogez-vous donc sur votre « État Présent », c'est-à-dire principalement sur la chose que vous voulez changer, bien sûr, mais aussi sur les situations dans lesquelles cet « État Présent » vous pose problème, afin de pouvoir le décrire de la façon la plus précise possible.

Formuler son « État Désiré »

Une fois que l'on a bien analysé notre « État Présent » et les situations dans lesquelles il est gênant, il convient de s'interroger sur ce que l'on souhaite devenir en ayant intégré le changement souhaité, c'est-à-dire ce que l'on nomme l' « État Désiré ». Cet « État Désiré » peut d'ailleurs, contrairement aux apparences, être difficile à décrire. Par exemple, si une personne dit, comme Camille, qu'elle ne veut plus être timide, pour ne plus rougir, plus se laisser crier dessus, il y a de fortes chances pour qu'elle n'arrive pas à changer, tout simplement parce qu'elle ne formule pas un « État Désiré », mais plutôt un « État Non-Désiré » ! Il est important en effet de bien formuler ce que l'on souhaite, pour pouvoir savoir vers quoi on veut se diriger, et non pas ce que l'on veut éviter. Camille devra donc dire qu'elle veut être capable de parler normalement à Bastien, plutôt qu'elle ne veut plus rougir.

Ensuite, l' « État Désiré » se définit également dans des circonstances précises, afin de vraiment pouvoir visualiser ce que l'on souhaite obtenir : imaginez la situation dans laquelle vous souhaitez opérer un changement, et interrogez-vous sur toutes les modalités de l'expérience « idéale ». Par exemple, si l'on reprend l'exemple de Camille, quelles seront les premières choses qu'elle verra, entendra, sentira, pensera quand elle aura réussi à parler à Bastien ?

À RETENIR

Le changement, pas si simple !

Le changement est le thème favori et l'objectif premier de la PNL, car cette discipline encourage évidemment les gens à changer pour être plus heureux, plus accomplis, plus satisfaits de leurs compétences. Cependant, certaines personnes ne savent pas vraiment « par quel bout » prendre ce changement et il leur est alors utile de faire le point.

Faire l'état des lieux

Faire le point, cela signifie d'abord bien connaître ce que l'on souhaite changer : c'est-à-dire soi-même à l'instant présent. Quels sont les comportements précis qui me posent problème ? Dans quelles situations ai-je l'impression de les subir ? Qu'est-ce que je ressens à ces moments précis ? Y a-t-il des causes identifiables à mon souci ?

Imaginer son futur

Imaginer son futur, c'est essayer de se mettre dans la peau de la personne qui aura déjà changé. Cela signifie donc en avoir une idée précise, pouvoir la décrire précisément. Mais cela signifie surtout une chose : il ne faut pas faire la liste de ce que l'on ne veut pas, mais de ce que l'on souhaite, et cela de la façon la plus précise possible.

Se fixer de bons objectifs

« Avoir des objectifs est non seulement nécessaire pour nous motiver, mais c'est essentiel pour que nous restions en vie. »

Robert H. Schuller

Témoignage

« Mon fils, Daniel, a toujours été très rêveur. Petit déjà, il n'aimait rien tant que rêver dans son coin, le nez dans ses dessins, ses bouquins, ses bandes dessinées. D'ailleurs, c'est toujours ce qu'il a voulu faire, être dessinateur de BD. Et je crois sincèrement qu'il a énormément de talent. Mais bon, il y a apparemment beaucoup d'appelés mais peu d'élus : il est extrêmement difficile de se faire une place dans ce milieu, surtout si l'on ne vit pas à Paris.

Il faut dire aussi que Daniel, malgré mes remarques régulières et mes colères, ne s'est jamais vraiment bougé pour essayer de percer. Je le vois souvent dessiner ses héros préférés, mais bon, il a vingt-neuf ans maintenant, il vit toujours chez nous, et il a malheureusement abandonné l'école des beaux-arts il y a un moment ! Il vivote en multipliant les petits boulots, mais je m'inquiète pour lui : son rêve est en train de se transformer en cauchemar !

Le problème, c'est qu'il n'est pas capable de se lancer dans l'action et de se dire "Bon allez, maintenant, j'envoie des planches de mes dessins à toutes les maisons d'édition spécialisées dans la BD." *Non, il a un but, être dessinateur de BD, mais aucun objectif précis. Il ne*

tente rien. Du coup, évidemment, difficile de se motiver ! Comme si je disais que je voulais être riche, mais que je ne faisais rien pour le devenir. Je me suis donc finalement dit que ce serait moi qui les enverrais, ses planches, et on verra bien si les maisons d'édition répondent ! »
Louisa, 56 ans

Un peu de théorie

Des objectifs précis

Le témoignage de Louisa est assez parlant : il ne sert pas à grand-chose d'avoir de grands rêves si on ne se fixe pas quelques objectifs concrets pour les réaliser. Ce qui est normal et humain d'ailleurs. Imaginez que l'on vous demande d'apprendre le chinois en un an : vous serez certainement découragé par l'ampleur de cette tâche titanesque ! Mais si l'on vous dit de commencer par l'apprentissage de quelques caractères chinois par semaine, la tâche paraîtra certainement plus facile… ou du moins plus réalisable et donc plus motivante.

Les objectifs sont donc une première étape indispensable pour sortir d'un « État Présent » afin d'arriver à un « État Désiré ». Mais pour être vraiment efficaces, il est important que ces objectifs soient correctement formulés. Ainsi, si l'on reprend notre exemple, l'objectif « Je veux être dessinateur de BD » n'est pas assez précis. Alors comment découper ce projet en différents objectifs ? Que faut-il faire pour être dessinateur de BD ? De quelles ressources a-t-on besoin ? Quelles sont les premières actions à faire ? Quel peut être le premier objectif à remplir afin d'arriver à réaliser son rêve ?

Dans cet exemple, Daniel peut par exemple se fixer les objectifs suivants : dessiner les vingt premières pages d'une BD en six mois, et, dans l'intervalle, trouver les adresses de vingt maisons d'édition spécialisées, envoyer ses planches, etc.

Des objectifs réalisables

En effet, quand on découpe ainsi un projet en plusieurs objectifs complémentaires, il est facile de s'assurer de la faisabilité de ce projet. Ainsi, on peut déterminer nos ressources disponibles (temps, argent, passion…) et nos ressources manquantes (adresse des maisons d'édition). Mais il faut aussi s'assurer que l'objectif, une fois rempli, apportera bien la satisfaction espérée, ne détruira pas certains avantages liés à l' « État Présent », et enfin ne demandera pas des sacrifices trop importants. Si, par exemple, votre projet est de devenir ingénieur, votre premier objectif sera peut être d'obtenir un master. Les avantages liés à ce statut d'ingénieur seront certainement importants (meilleurs revenus, travail plus intéressant, etc.), mais il faudra aussi prendre en compte les sacrifices à faire (cours du soir pendant deux ans, réduction du budget familial) et les avantages que l'on perdra et qui sont, eux, liés à la situation actuelle. Par exemple, en tant que technicien simple, vos heures ne sont pas forfaitisées, vous avez moins de responsabilités et moins de contraintes horaires, vous avez le temps de vous occuper de vos enfants, de prendre des vacances quand vous le voulez, etc. Car évidemment, vous imaginez bien qu'un changement de statut aussi important engendrera forcément d'autres changements, peut être non désirés… et auxquels il faut penser avant d'entamer toute action.

Des objectifs aux limites claires

Il faut donc aussi déterminer les limites que l'on se donne pour remplir cet objectif, que ce soit au niveau du temps, de l'énergie consacrée ou d'autres critères. Ainsi, il est important de toujours limiter un objectif dans le temps. Concernant Daniel, il pourrait par exemple se donner deux ans pour essayer de percer.

Il faut aussi, dans son cas, se mettre d'accord sur le terme « percer ». Qu'est-ce que cela signifie exactement ? Cela signifie-t-il vivre entièrement de son art, publier une BD ou encore gagner 20 % de ses revenus en dessinant ? Définir cette partie de l'objectif équivaut finalement à se fixer des critères de réussite, afin de pouvoir mesurer les progrès, et de pouvoir aussi rectifier le tir si l'on estime que l'on a pris une mauvaise direction. Si, par exemple, l'objectif de Daniel est de vivre de son art, il évitera peut-être les collaborations bénévoles et se concentrera sur celles qui sont rémunérées. Si, au contraire, son objectif est « juste » de publier une BD, alors sa démarche sera peut-être différente.

Se fixer des limites et des critères de réussite est très important, car cela évite de perdre trop de temps, d'énergie, ou d'argent dans un projet, et de s'enfoncer dans ce que l'on appelle des « pièges abscons ». Un piège abscons est résumé par le raisonnement suivant : *« Je me suis tellement investi dans ce projet que je ne peux pas arrêter maintenant. »*

À RETENIR

Passer d'un rêve brumeux à un objectif précis

Se fixer des objectifs précis est la première marche du changement, car cela implique de réfléchir réellement aux étapes à franchir pour arriver à cet « État Désiré ». Ainsi, plus votre objectif sera précis et détaillé, plus il sera facile de déterminer les actions à entreprendre, les ressources à mobiliser. Ce qui le rendra d'autant plus motivant.

Vérifier la faisabilité d'un objectif

Mais on peut parfois se tromper d'objectif. Pour vérifier que votre objectif ne demandera pas trop de sacrifices ou n'engendrera pas des changements indésirables, quelques questions doivent être posées : qu'est-ce qui changera (ou ne changera pas) si je réalise mon objectif ? Et qu'est-ce qui changera (ou ne changera pas) si je ne le réalise pas ?

Se fixer des limites claires

Des objectifs concrets doivent être limités dans le temps. Car c'est d'une part plus motivant, et d'autre part, cela évite de consacrer trop d'énergie dans une cause perdue. De même, il est important de se fixer des critères de réussite bien précis pour être capable de mesurer les progrès faits, et selon les cas, stopper le projet ou le continuer.

Les niveaux logiques de la PNL

« Aucun problème ne peut être résolu sans changer le niveau de conscience qui l'a engendré. »

Albert Einstein

Témoignage

« La dernière fois, je parlais à une collègue, nouvelle comme moi, et qui avait l'air sympathique. Elle s'appelle Clara, et travaille dans un autre service que moi. Je lui disais que j'étais contente d'avoir trouvé ce travail, parce que ces derniers temps avaient été durs, entre le licenciement de mon mari et l'adolescence plutôt mouvementée de mes deux garçons. Je cherchais un travail depuis plus d'un an et demi, et j'arrivais au bout des indemnités chômage. Bref, j'étais vraiment soulagée de travailler, parce que cela me permettait de faire plaisir à mes enfants, à mon mari et à moi-même. Ca peut paraître idyllique ou idiot de dire ça, mais c'est vraiment ce que je pensais à ce moment-là. Bref, quand je lui ai dit ça, Clara m'a regardée d'un air désolé, et m'a dit : "Et bien moi, je n'ai rien trouvé d'autre. Donc pour moi, ce boulot, c'est classer des factures, écrire des chiffres dans une colonne débit, et écrire d'autres chiffres dans une colonne crédit." *Moi, ça m'a fait bizarre qu'elle m'ait dit ça. Je ne l'ai pas jugée, mais j'ai trouvé ça triste, et je me suis dit que j'étais finalement contente d'être à ma place, parce que je croyais vraiment à ce que je faisais et que j'étais heureuse de le faire pour les raisons qui étaient les miennes, alors que le peu de motivation qu'elle avait encore fondrait comme neige au soleil dès lors qu'elle trouverait un autre travail. Mais bon, je ne sais pas, c'est peut-être les jeunes qui sont comme ça ! Allez savoir. »*

Jeanne, 44 ans

Un peu de théorie

L'origine des niveaux logiques

Le modèle des niveaux logiques fut créé par Gregory Bateson. Cette théorie modélise (c'est-à-dire analyse de façon détaillée de manière à l'appliquer dans n'importe quelle situation) le processus général de l'apprentissage et du changement chez l'être humain. Ce modèle est notamment utilisé pour accompagner un changement en douceur, plus précisément pour savoir à quel niveau le changement doit être opéré pour améliorer une situation ou résoudre un problème ou un conflit.

Pour comprendre ce modèle, imaginez que vous puissiez rencontrer trois maçons chinois en train de construire la Grande Muraille de Chine. Vous posez la même question à ces trois maçons, à savoir : « *Que faites-vous ?* » Le premier répond : « *J'assemble des morceaux de pierre pour construire un mur.* » Le deuxième répond : « *Je travaille pour pouvoir m'acheter une maison.* » Et le troisième répond : « *Je protège mon pays contre les envahisseurs.* » Dans cet exemple, le premier maçon se définit par son comportement : il pourrait construire n'importe quel mur (comme c'est le cas pour Clara, dans le témoignage). Le deuxième a parlé de ses motivations, de ses valeurs : pour lui, acheter une maison est important. Et le troisième définit son travail en parlant de sa contribution au pays : c'est une démarche spirituelle. La démarche de Jeanne se situerait plutôt à ce niveau. Et à votre avis, lequel vit le mieux sa situation ?

Les trois premiers niveaux logiques

Les trois premiers niveaux logiques sont l'environnement, le comportement et les capacités. L'environnement est la première marche dans le changement : il peut être pris comme une contrainte mais aussi comme une opportunité. Ce premier niveau est trouvé en répondant notamment aux questions où ? et quand ? Par exemple, si vous êtes mal à l'aise sur une échelle parce que vous avez le vertige, il est plus facile de descendre de l'échelle que de lutter contre son vertige.

Le deuxième niveau logique est celui du comportement. Ce sont toutes les actions que nous faisons dans un environnement donné. Ce niveau est plus important et plus souple que le précédent parce qu'on peut avoir le même comportement dans des environnements différents. Par exemple, vous pouvez vous disputer avec votre conjoint dans n'importe quel environnement : que ce soit au restaurant, à la maison, au bureau, dans la rue...

Le troisième niveau logique est celui des capacités. Les capacités, ce sont toutes les compétences, les aptitudes, les savoir-faire, et les traits de caractère que l'on a accumulés ou construits au cours de notre vie. Elles conditionnent, influencent ou limitent nos comportements dans des environnements donnés, et on peut évidemment les améliorer. Par exemple, si, jeune, vous étiez un peu « fougueux » ou irréfléchi, vous avez peut-être appris à mesurer vos actions ou vos opinions avec l'âge.

Les trois derniers niveaux logiques

Les trois niveaux suivants sont les valeurs, l'identité et la spiritualité. Les valeurs se définissent par la question *« Qu'est-ce qui est important pour moi ? »* Ce sont nos motivations, ce en quoi on croit, ce pour quoi on travaille, on agit. Mais ces croyances peuvent aussi nous limiter quand elles sont négatives, et donc limiter l'éventail de nos comportements. Par exemple, si l'on n'a aucune estime de soi, il sera difficile de se lancer un nouveau défi, de peur d'échouer.

Le niveau suivant est celui de l'identité. C'est la réponse à la question simple (mais complexe !) *« Qui suis-je ? »* Notre identité est la somme de tous les niveaux précédents. Dire *« Je suis instituteur et père de trois enfants »*, c'est définir ses valeurs (j'aime transmettre mon savoir à mes enfants ou à mes élèves), ses capacités (je suis capable d'enseigner, je suis patient), ses comportements (je donne des cours) et l'environnement dans lequel on évolue (dans une salle de classe, chez moi).

Le dernier niveau logique est celui de la spiritualité. Il se définit par la contribution que l'on apporte au monde, à ses proches, ou à sa place, à son utilité dans la société. Le terme « spiritualité », ici, transmet l'idée de quelque chose qui nous dépasse, constituant le plus haut niveau de motivation possible. Ce peut être le rêve d'un monde meilleur, rêve qui existait avant vous, et qui continuera après vous.

À RETENIR

Les six marches du changement

Le changement est un processus qui peut intervenir de façon isolée ou simultanée à six niveaux différents de l'être humain, qui sont l'environnement, le comportement, les capacités, les valeurs, l'identité et la spiritualité. Cette théorie permet de réfléchir sur le niveau sur lequel il faut influer en priorité pour améliorer une situation donnée.

Environnement, comportement et capacités

Notre environnement varie en fonction de nos actes, et nos actes varient en fonction de nos capacités. Un changement d'environnement est forcément moins important qu'un changement de comportement et encore moins important qu'un changement de capacités. A contrario, plus on a de compétences différentes, plus on aura de comportements possibles.

Des valeurs à la spiritualité

Les niveaux « spiritualité », « identité » et « valeurs » sont les trois niveaux logiques les plus élevés, dans l'ordre décroissant. Ces niveaux définissent principalement le sens que l'on donne à notre vie, la ou les « mission(s) » que l'on souhaite poursuivre, c'est-à-dire les motivations et les raisons qui nous font agir, travailler, aimer...

Aligner les niveaux logiques

« Il n'est pas possible de résoudre un problème avec la même façon de penser que celle qui l'a créé. »

Albert Einstein

Témoignage

« Je travaille dans une entreprise de téléphonie depuis trente ans, et aujourd'hui, malgré ces trente ans de service, je me demande si je suis encore utile à mon entreprise. J'ai l'impression, depuis quelque temps, d'être inutile, incapable de faire face au changement, mais il faut dire que ce changement a eu lieu vraiment brusquement, et que je ne m'y attendais pas. En fait, j'ai commencé à travailler dans cette entreprise en tant que technicien réseau, et mon job, c'était de poser et réparer des lignes téléphoniques. J'avais fait des formations pour faire ce boulot, et franchement, j'étais compétent je pense. En plus, j'étais dans une bonne équipe, et je me plaisais bien dans ce travail.

Et puis récemment, l'entreprise dans laquelle je travaillais a été privatisée. Du coup, toute l'organisation a été chamboulée, ainsi que les organigrammes : des mutations ont eu lieu, des sites ont été fermés, apparemment parce qu'ils n'étaient plus rentables. Moi, on m'a donné le choix, si je peux dire : soit j'étais muté à Paris, soit j'étais reclassé dans une autre branche. J'habite à Perpignan : ma famille, mes enfants, mes amis sont ici, alors qu'est-ce que j'aurais fait à Paris ? J'ai décidé de rester ici. Et là, on m'a demandé d'être opérateur commercial au téléphone et de vendre des forfaits, des

assurances, des téléphones... Mais bon, je suis nul : je n'ai jamais été un vendeur, et j'ai horreur de faire ça... et ce n'est pas à mon âge que je vais changer. »
Marc, 53 ans

Un peu de théorie

Des niveaux interdépendants

Nous avons vu que les six niveaux logiques étaient établis dans un ordre hiérarchique bien défini. Le but de la PNL est de trouver et d'analyser les blocages présents à certains niveaux, qui peuvent empêcher notre bien-être, et d'agir afin de supprimer ces blocages.

En général, les blocages importants sont le fruit d'un conflit entre plusieurs niveaux. Dans le cas de Marc, par exemple, son mal-être vient d'un conflit entre ses capacités (ses compétences en tant que technicien) et son comportement (le fait de vendre des forfaits). Ce conflit déséquilibre les autres niveaux logiques : cela altère notamment son identité et ses croyances. Avant, c'était un technicien. Son rôle, sa fonction, ses motivations, ses valeurs, les relations avec ses collègues et ses compétences formaient un tout cohérent : son identité. Mais depuis la privatisation de son entreprise, tout a changé. Ses compétences techniques ne lui servent plus à rien. Il a changé d'environnement et est passé d'un travail « itinérant » où il posait des lignes téléphoniques, à un travail derrière un ordinateur, avec un casque sur les oreilles. Et ses croyances, elles, l'empêchent d'envisager un changement de compétences : il se trouve trop âgé pour apprendre un nouveau métier. D'où un problème d'identité : ses valeurs, ses compétences, son environnement et son travail ne correspondent pas à celui qu'il était jusque-là.

Que changer ?

Dans le cas de Marc, les changements peuvent intervenir à plusieurs niveaux. Premièrement, il peut changer son environnement ou son comportement : changer d'entreprise et en trouver une où il pourra exploiter ses anciennes compétences. Deuxièmement, il peut changer ses capacités : apprendre à vendre des forfaits. Mais, en fait, il ne pourra faire cela que s'il change de croyances : se dire qu'il est capable de changer de métier à 50 ans.

En fait, la PNL enseigne qu'un changement opéré au sommet des niveaux logiques (au niveau de la spiritualité, de l'identité ou des valeurs et croyances), aura forcément des répercussions sur nos aptitudes, notre comportement et notre environnement. En revanche, un changement qui aurait lieu à la base des niveaux logiques n'aurait qu'une influence minime sur l'échelle entière. Donc, si l'on veut opérer un changement important, il vaut mieux le faire au niveau supérieur à celui où le changement pose problème. Dans notre cas présent, si le conflit existe entre le comportement et les capacités de Marc, ce ne sont pas que les capacités qu'il faudra modifier, c'est plutôt au niveau de ses croyances limitantes qu'il faudra agir. Tout en sachant que ses nouvelles croyances et valeurs pourront, à terme, modifier son identité. Par exemple, le fait de se sentir capable d'apprendre un nouveau métier à son âge pourra lui permettre d'enclencher d'autres changements.

Agir sur les croyances : un moyen efficace pour changer ?

Changer les croyances que l'on entretient depuis longtemps se révèle être un changement spectaculaire, surtout si ce changement est positif ! En effet, les croyances et les valeurs sont extrêmement importantes dans notre cheminement personnel. Elles définissent ce que l'on croit être bien ou mal, peuvent être négatives (c'est-à-dire limitantes), ou positives (et être porteuses de motivation supplémentaire). Par exemple, imaginons que Marc a un collègue, Fred, avec le même parcours professionnel que lui. Sauf que Fred pense qu'apprendre à vendre des forfaits peut lui permettre d'évoluer plus facilement dans l'entreprise, ou d'avoir un métier moins pénible. Il est alors certain que Fred aura beaucoup plus de facilités que Marc à apprendre le métier de commercial, car ses croyances ne l'empêcheront pas d'acquérir de nouvelles capacités. De plus, il n'aura pas non plus ce problème d'identité et donc de mal-être : le conflit entre ce qu'il croit être, ce qu'il est capable de faire et ce qu'il fait, n'existera plus.

Évidemment, changer ses croyances et ses valeurs n'est pas évident, puisque ces valeurs nous sont inculquées dès notre plus jeune âge. Mais l'on peut s'appuyer, pour cela, sur la mission spirituelle que l'on s'est donnée. Par exemple, si pour Marc, sa mission est de subvenir aux besoins de sa famille, cela peut se faire de multiples façons, y compris changer de métier.

À RETENIR

Savoir où est le problème

Un mal-être profond est souvent dû à un conflit entre plusieurs niveaux logiques. En effet, pour être bien dans sa peau et heureux, il est important que les éléments des différents niveaux soient cohérents, bien définis et acceptés par la personne. Il est donc important de savoir où est exactement ce conflit, pour pouvoir agir en conséquence.

Agir au niveau supérieur

En PNL, prendre de la hauteur sur sa situation est important. Une fois que l'on a trouvé à quel niveau était le conflit, il est donc conseillé d'agir au niveau supérieur. Ainsi, si le problème se trouve au niveau des capacités et des aptitudes, il est souvent primordial de modifier ses croyances avant de pouvoir acquérir de nouvelles compétences.

L'alignement des niveaux logiques

Changer de croyances pour apprendre de nouvelles compétences est ce que l'on appelle aligner les niveaux logiques. Cela permet de garder une cohérence entre les différents niveaux. Il est important de souligner qu'un changement dans ses croyances peut, à terme, modifier son identité. Et qu'une nouvelle identité peut amener d'autres changements.

L'ancrage et la mobilisation des ressources

« Quand d'un passé ancien rien ne subsiste, [...] seules [...] l'odeur et la saveur restent encore longtemps, comme des âmes, à se rappeler, à attendre, à espérer, sur la ruine de tout le reste, à porter sans fléchir [...] l'édifice immense du souvenir. »

Marcel Proust

Témoignage

« La semaine dernière, je discutais avec une amie, Marielle, qui s'est séparée de sa petite amie depuis plus de deux ans, et qui n'arrive pas à retrouver une autre compagne. Elle avait été anéantie, mais depuis six mois, c'est vrai que Marielle allait mieux. Elle sortait un peu plus et projetait de partir en vacances en Turquie. Il faut dire que je la motivais régulièrement en utilisant la méthode forte : je suis franche et je lui ai toujours dit ce que je pensais. Tout allait donc très bien jusqu'à cette malheureuse remarque que j'ai faite en voulant la motiver un peu plus. En effet, elle se laisse un peu aller ces derniers temps. Elle n'est plus du tout coquette, et elle a surtout énormément grossi suite à sa rupture. Je lui ai donc dit quelque chose comme "Ne fais pas ta bonne à rien". *Pour moi, ce terme n'était pas méchant, juste ferme. Et là, surprise ! Marielle s'est mise à pleurer à chaudes larmes et à se mettre en colère ! Je ne comprenais pas ce qui avait pu provoquer autant d'émotions, étant donné que je lui ai déjà dit des choses plus dures et qu'elle a l'habitude de ma façon*

de parler. Mais là, elle n'a pas voulu me répondre et m'a demandé de partir. Peu de temps après, j'ai parlé de tout cela à son ex, Noémie, avec qui je suis encore amie. Et elle m'a dit que sa mère la traitait souvent de bonne à rien, et que ce mot provoquait tout le temps chez Marielle des crises de rage et de pleurs. Si j'avais su, j'aurais choisi un autre mot ! »
Nathalie, 35 ans

Un peu de théorie

Les ancres, d'autres « madeleines de Proust »

Les ancres, en PNL, sont des stimuli spécifiques qui provoquent en nous des pensées, des émotions ou des comportements également spécifiques et comme conditionnés. Un exemple d'ancre célèbre est cette fameuse « madeleine de Proust », dont l'odeur faisait immanquablement remonter des souvenirs d'enfance chez ce cher Marcel.

Mais les ancres peuvent être très diverses, et provoquer des réactions toutes aussi diverses : ainsi, une certaine musique peut vous replonger dans un chagrin d'amour vieux de plusieurs années, un parfum peut vous rappeler votre ex-mari et faire remonter toute votre rancœur, ou encore, un mot échappé de la bouche d'une amie peut provoquer, malgré vous, de la colère et de l'angoisse. En effet, dans notre exemple, Diane ne pouvait pas savoir que les mots « bonne à rien » étaient une ancre très profonde dans le cœur de son amie.

La PNL, elle, pratique l'ancrage (la création et l'utilisation d'ancres positives) pour créer ce que l'on appelle des états-ressources, c'est-à-dire des états agréables en règle générale, disponibles « à volonté » dès lors que l'on active une ancre bien spécifique, et ce à n'importe quel moment.

Par exemple, il est possible de créer une ancre pour retrouver un état de complète confiance en soi avant une réunion importante. Vous pouvez vous-mêmes créer votre ancre pour vous ou pour quelqu'un, bien que cela demande un minimum de maîtrise.

La procédure d'ancrage : créer un état-ressource

Choisissez d'abord une situation dans laquelle vous voulez vous sentir bien dans le futur (par exemple une réunion importante). Choisissez ensuite l'état-ressource que vous voulez activer à ce moment-là. Reprenons ici l'exemple de la confiance en soi. Résumons donc : vous voulez vous retrouver dans un état de confiance en vous lors de la prochaine grosse réunion.

Ensuite, essayez de penser très fort à une situation dans laquelle vous vous êtes senti vraiment confiant, serein, calme. Décrivez mentalement tous les détails qui surgissent dans votre esprit : ce que vous avez vu, entendu, senti, humé, goûté, ressenti émotionnellement. Soyez extrêmement précis. Puis arrêtez d'y penser : faites une pause.

Choisissez maintenant votre ancre : ce peut être un mot (« confiance »), une image (une médaille d'or à votre cou) ou encore un geste (une pression de votre pouce au creux de votre coude). Ce peut aussi être tout cela à la fois.

Ensuite, revivez pleinement votre état-ressource, l'état dans lequel vous étiez quand vous vous êtes senti si bien. Quand vous vous sentez vraiment plongé dans cet état, connectez-y votre ancre. Stoppez votre état de nouveau, puis recommencez plusieurs fois, en essayant d'affiner à chaque fois votre expérience. Enfin, un peu plus tard, testez votre ancre pour vérifier que vous arrivez bien à votre état-ressource. Recommencez si ce n'est pas le cas.

Quelques astuces utiles

On peut ainsi créer des ancres pour provoquer des émotions positives « sur commande », comme de la sérénité ou de la confiance en soi par exemple. Mais pour que ces ancres soient efficaces, il est recommandé de respecter quelques conditions.

D'abord, il est important de choisir comme ancre un stimulus unique, clair et précis. Ce stimulus peut être auditif, kinesthésique ou visuel, mais l'ancre sera d'autant plus efficace si elle combine deux ou trois de vos sens. Une ancre kinesthésique peut, par exemple, être une pression sur un point bien précis de votre corps. Mais il est important que le geste choisi soit le moins commun possible (évitez par exemple une main sur votre épaule), afin qu'il ne puisse être répété par mégarde.

Et ensuite, il est important de bien choisir la situation utilisée pour créer cet état-ressource, et de ne pas « polluer » ce souvenir avec des émotions négatives. En effet, quand vous réactiverez l'ancre, vous ressentirez normalement tout ce que vous avez ressenti quand vous l'avez créée, et c'est pour cela que ce moment doit vraiment être pur, exempt de toute émotion ou sentiment négatif. Si, par exemple, vous essayez de vous souvenir d'un état de confiance pour l'ancrer, mais qu'au même moment vous avez un doute sur la qualité de ce moment, ne l'ancrez surtout pas, car le doute le sera aussi, ce qui serait dommage quand on veut se sentir confiant !

À RETENIR

Ancres et comportements conditionnés

La PNL s'appuie notamment sur les travaux de chercheurs comme Pavlov, pour créer des ancres, des stimuli spécifiques servant à faire émerger des « états-ressources », des états de bien-être général « sur commande ». Ces ancres existent évidemment à l'état naturel, mais peuvent être négatives, contrairement aux ancres PNL, toujours positives.

Un procédé simple

Créer des ancres nécessite de la concentration et de la pratique, mais peut s'avérer être un atout considérable dans certaines situations. Le plus important est de se souvenir avec acuité d'une situation positive, et de marquer ce moment à l'aide d'ancres spécifiques. Il vous suffira ensuite de réactiver ces ancres pour ressentir ces états positifs.

À ne pas oublier

Pour que l'ancrage fonctionne, il est très important de se souvenir avec le plus de précision possible de la situation dans laquelle on a ressenti l'état-ressource, mais surtout, au préalable, de bien avoir choisir cette situation : qu'elle soit vraiment pure de tout sentiment négatif. De plus, l'ancre doit être à la fois simple, unique et originale.

Utiliser le générateur de nouveaux comportements

« Si nous faisions tout ce dont nous sommes capables, nous nous surprendrions vraiment. »

Thomas Edison

Témoignage

« Moi, j'ai toujours un souci en ce qui concerne mes régimes : j'ai tendance à prendre du poids facilement, et cela m'ennuie vraiment, surtout que je suis à un âge où la graisse s'installe et où il est beaucoup plus difficile de la déloger ! Mais d'un autre côté, je n'arrive jamais à manger moins (je suis trop gourmande !), ou à faire plus de sport. En plus, en ce moment, il fait vraiment un froid glacial, et rien que l'idée de prendre le métro ou le bus pour aller à la salle de gym me décourage. Pourtant, je le sais bien qu'il faut que j'aille faire du sport ! En fait, comme je savais que je n'arriverais jamais à faire un régime (j'en ai déjà fait tellement…), j'ai décidé de m'inscrire dans une salle pour faire des cours de cardio, un peu de vélo, du rameur, ou de la zumba, le dernier truc à la mode. Et je paye quand même quarante euros par mois. Tout ça pour rester chez moi à culpabiliser.

La dernière fois, une copine a essayé de me motiver, en me disant qu'elle viendrait avec moi quand elle le pourrait. C'est une bonne motivation, mais je sais que ma présence à la salle sera alors dépendante de la présence de ma copine. Évidemment, c'est mieux que rien, mais j'aimerais bien pouvoir trouver une bonne raison pour y aller toute seule, puisqu'apparemment me dire que faire du sport pour maigrir ne suffit pas à me faire bouger ! Ma copine m'a dit qu'elle, pour se motiver dans les moments « down », elle s'imaginait mince et sexy. Cela l'aidait bien. »

Ana, 32 ans

Un peu de théorie

La difficulté de changer

Comme on peut le voir dans le témoignage d'Ana, changer reste souvent très difficile. Pourtant, direz-vous, ces changements sont souvent positifs, nécessaires. Comme c'est le cas ici. Mais quelle que soit la nécessité de les entreprendre, changer implique parfois des sacrifices tellement importants que ces changements restent hypothétiques. Attention ! Quand on parle de « sacrifices importants », il ne faut pas prendre cette expression comme un jugement de valeur. Ici, par exemple, le sacrifice à faire pour Ana est peut-être de sortir alors qu'il fait froid, et cela peut paraître dérisoire pour certaines personnes. Mais cela ne l'est pas pour Ana. Et c'est son point de vue qui prime, en l'occurrence.

En fait, la cause de notre résistance au changement est souvent cette tendance à ne prendre seulement en compte que les mauvais côtés du changement, ce qui, évidemment, est une erreur. Dans le cas d'Ana, par exemple, cette démarche est flagrante : la salle de gym est une torture. Pourquoi ? D'abord parce que c'est pour elle une solution envisagée « par dépit » (elle ne se sentait pas capable de réduire son apport calorique). Ensuite parce que cela l'obligerait à sortir dans le froid. Et enfin parce que son but est de maigrir, ce qui, pour une gourmande, est vécu de façon plutôt négative, puisque cela remet en cause un des aspects de sa personnalité : celui qui consiste à être heureux en mangeant une glace.

Voir le changement d'un meilleur œil

Pour contrer sa démotivation, l'amie d'Ana lui propose donc d'aller à la gym avec elle, ce qui, somme toute, est plutôt une bonne solution. Mais comme Ana le souligne, cela reste une solution bancale, dans la mesure où, en effet, elle n'ira sûrement pas à la salle de gym toute seule si son amie s'absente. En fait, si l'on analyse cette situation, pour Ana, son amie reste ce que l'on appelle une motivation extrinsèque, c'est-à-dire indépendante de sa volonté, sur laquelle elle n'a pas de prise réelle. Et inconsciemment, Ana sait que la véritable motivation est intrinsèque, c'est-à-dire interne à l'individu.

Cette solution, son amie la suggère pourtant, alors qu'elle ne connaît rien à la PNL ! En effet, s'imaginer dans la peau d'une jeune femme mince et sexy est une excellente motivation pour faire du sport ! Cette visualisation des résultats du changement est de fait une des clefs du modèle PNL « générateur de comportements nouveaux ». Cette technique est efficace car elle permet de jouer avec notre inconscient, qui ne fait aucune différence entre la réalité et la visualisation d'une réalité (les deux font appel aux mêmes mécanismes nerveux). Visualiser une image positive de soi nous aide donc à nous reprogrammer, créer de nouvelles stratégies et de nouveaux comportements, afin de rendre cette image positive pleinement réelle, notamment grâce à nos cinq sens, le modèle VAKOG.

Le processus « générateur de comportements nouveaux »

Ce processus, assez simple, s'appuie donc sur votre expérience subjective, de façon à la rendre réelle. Utilisé régulièrement, il est parfait pour booster votre motivation.

Dans un premier temps, il est important que vous identifiiez précisément le comportement que vous voulez générer. Dans le cas d'Ana, ce pourrait être : *« Aller à la salle deux fois par semaine, qu'importe la météo. »*

Puis réfléchissez à ce que vous ressentirez une fois votre objectif atteint. Laissez-vous aller, et visualisez le nouveau « vous » qui existera alors, et ce sous toutes ses coutures : que sentira-t-il ? À quoi ressemblera-t-il ? Quelles seront ses émotions, ses pensées ? Quelles seront les réactions de ceux qui l'entourent ? Pour le moment, faites comme si vous étiez dissocié de cette personne : observez-la attentivement.

Puis rentrez en mode « associé » : en d'autres termes, rentrez dans la peau de cette personne, et marchez, parlez, souriez à sa place dans la situation dans laquelle le nouveau comportement doit apparaître. Ressentez tout ce que cette personne va ressentir quand son objectif sera atteint. Vous pouvez également « jeter une ancre » à ce moment-là, pour faciliter l'émergence du nouveau comportement dans la réalité. Enfin, imaginez une situation (un dîner en amoureux, une situation professionnelle...) dans laquelle votre nouveau « vous » pourra faire étalage de ses nouvelles capacités avec succès.

À RETENIR

La résistance au changement

La résistance au changement est souvent causée par une visualisation (voire même une dramatisation) des conséquences négatives du changement. Cette visualisation peut être générée par nos angoisses : de fait, elle annihile toute motivation, puisqu'en cherchant à calmer nos angoisses, on choisit très souvent de ne pas changer.

Voir l'autre côté du changement

Cependant, il existe une autre posture possible pour faire face au changement, surtout quand ce changement est personnel et individuel. En effet, il est plus que conseillé de sonder alors les côtés positifs du changement, de façon à l'accepter plus facilement. La PNL nous aide à faire cela grâce au processus générateur de comportements nouveaux.

Visualiser son « moi futur »

Cette procédure consiste en substance à se visualiser dans le futur à l'aide des cinq sens à notre disposition, afin que cette visualisation paraisse véritablement réelle, et que notre inconscient l'accepte (lui qui ne fait aucune différence entre scène vue et imaginée). On peut également, pour plus d'efficacité, associer à ce processus celui de l'ancrage.

Le recadrage : adopter un autre point de vue

« Changer, c'est tout d'abord changer de point de vue. »

Jean-Bertrand Pontalis

Témoignage

« Il y a six ans, j'ai perdu mon travail : j'étais cadre dans une grande entreprise et ce depuis la fin de mes études. J'ai été très malheureux car je n'arrivais pas à trouver un autre travail (le secteur dans lequel je travaillais était plutôt sinistré). Et puis, un jour, j'ai rencontré Annabelle, qui, comme moi, venait de se faire licencier. Pour tout vous dire, on s'est rencontrés au Pôle emploi, alors que j'y venais pour noter les éventuelles nouvelles petites annonces dans mon secteur.

Tout de suite, j'ai été impressionné par le discours de cette jeune femme. Pour elle, son licenciement n'était pas une catastrophe ! En fait, elle voyait même cela comme une chance : ce changement de situation lui permettait d'envisager plein d'autres solutions, même si elle aimait son précédent travail et qu'elle était triste de quitter ses collègues. Elle n'était donc pas du tout abattue, mais motivée ! Et de fait, elle a trouvé un emploi peu de temps après dans une grande multinationale, à l'étranger. Je me suis dit alors que je perdais du temps à trouver un emploi comme le précédent, et que je devais plutôt essayer, comme elle, de chercher un autre type de travail, qui me permettrait de faire mes preuves dans un autre secteur, moins sinistré. Et finalement, gonflé à bloc, j'ai trouvé un travail beaucoup mieux

payé et plus intéressant, et dans un secteur complètement différent ! Avec le recul, je m'aperçois que finalement, ce licenciement a été une vraie bénédiction. »
Éric, 39 ans

Un peu de théorie

Cadre et recadrage

Une fois encore, la PNL nous permet d'avoir une vision plus large, plus positive de la vie, et d'envisager notre vie autrement. Le cadre est, en PNL, l'ensemble des frontières et des contraintes d'un événement ou d'une expérience, c'est-à-dire, finalement, la signification que nous donnons à un événement précis, en nous basant sur nos opinions et nos valeurs. Par exemple, dans notre témoignage, Éric a donné à son licenciement un cadre précis : cela l'empêche de travailler et de s'assurer la sécurité dont il a besoin.

En fait, la manière dont nous cadrons un événement conditionne nos réactions face à cet événement. Si, par exemple, vous êtes un usager régulier de la SNCF pour aller à votre travail, vous pouvez être ulcéré par les grèves successives, car le cadre que vous avez pour regarder cet événement est celui de la personne qui ne peut pas aller à son travail. Mais si vous imaginez aussi le cadre du cheminot, vous pouvez avoir une vision de la situation plus large, plus objective. Cela vous permettra peut-être de patienter plus calmement, ou même de ressentir de l'empathie envers les agents de la SNCF, pourquoi pas !

Le recadrage permet donc de changer de cadre, afin d'avoir accès à d'autres comportements. Cela pourrait s'appeler aussi « changer de lunettes », afin de voir la situation avec des yeux différents, et peut-être, de changer d'avis ou de relativiser certaines choses.

Recadrage de contenu ou de contexte

Le recadrage est quelque chose que nous faisons naturellement, à l'occasion, comme on peut le voir avec le recadrage spectaculaire d'Éric sur la perte de son emploi. C'est pour cela que le fait de systématiser cette procédure peut être très facile, et surtout très avantageux : au lieu de rester buté sur un seul modèle du monde, le vôtre, cela vous permet au contraire de l'étoffer pour le rendre plus riche, plus complet.

Il existe en fait deux types de recadrage : le recadrage de contenu et le recadrage de contexte.

Le recadrage de contenu est celui qu'Annabelle a fait avec sa situation. En se positionnant autrement, elle a admis que son licenciement pouvait être une opportunité en plus d'une perte, et que c'est en travaillant sur cette opportunité qu'elle s'en sortirait. Le recadrage de contenu postule que l'événement n'est ni positif ni négatif, mais que c'est la réaction face à ce fait qui peut être négative ou positive.

Le recadrage de contexte consiste, lui, à considérer que notre comportement n'est pas mauvais en soi, qu'il part même d'une intention positive (comme tous nos comportements d'ailleurs), mais que c'est en revanche le contexte qui est mauvais. Par exemple, si vous êtes têtu (certains diraient borné), c'est parce que cela vous a poussé à vous dépasser par le passé (intention positive). Ce comportement n'est donc pas mauvais, mais il faut juste l'utiliser dans le bon contexte.

Remettre en cause une partie de soi

En fait, en PNL, les comportements que l'on a sont souvent les éléments émergents de ce que l'on appelle nos parties. Une partie est un fragment de notre personnalité que l'on utilise dans une situation donnée. Par exemple, vous pouvez avoir une partie « père de famille » et une partie « manager » (et les comportements correspondants à ces deux parties). Certains comportements peuvent migrer de l'une à l'autre partie, mais d'autres peuvent être malvenus dans la partie opposée : ce peut être le cas si, par exemple, vous donnez uniquement de la valeur à vos enfants par rapport à leurs performances (de bonnes notes à l'école par exemple). Le recadrage consiste alors à faire en sorte qu'un certain comportement n'apparaisse pas dans un contexte inapproprié, même si vous le faites pour de bonnes raisons (par exemple motiver vos enfants pour qu'ils aient de bonnes notes).

Dans notre témoignage, le comportement inapproprié peut être la recherche à tout prix d'un poste équivalent à celui qu'Éric a perdu. Ce comportement existe car Éric connaît bien son travail et qu'il a fait ses preuves. Mais il est inapproprié dans sa situation de chômeur, car il ne prend pas en compte tous les paramètres de la situation (le fait que le secteur soit bouché par exemple). Changer de lunettes lui permet ainsi d'accepter l'idée qu'il peut chercher un poste différent, dans lequel ses compétences seront utilisées de façon différente.

À RETENIR

Le cadre, une façon spécifique de voir le monde

Les cadres sont des sortes de sous-modèles du monde : ils donnent une signification aux événements en tirant partie de nos croyances existantes, et conditionnent nos comportements et nos réactions face à ces mêmes événements. Recadrer consiste à changer cette partie du modèle du monde pour en adopter un différent et avoir une lecture plus large des faits.

Deux recadrages possibles

Recadrer une situation peut consister à lui donner une nouvelle signification, car c'est la lecture que l'on fait d'un événement qui lui donne sa nature positive et négative. C'est ce qu'on appelle le recadrage de contenu. L'autre recadrage est le fait de réaliser qu'un comportement a une bonne raison d'exister, mais seulement dans certaines situations.

Réconcilier les parties de soi

Un mauvais cadrage peut être le fait d'une partie de soi qui s'invite dans une autre partie de soi. Une partie étant en PNL un ensemble de comportements attachés à un contexte donné. Il faut alors savoir quelle est l'intention positive générant ces comportements, et chercher comment satisfaire cette intention positive en adoptant d'autres comportements.

Le changement de l'histoire personnelle

« Plus vous avez d'histoires personnelles, plus vous avez le choix. »

John Grinder et Richard Bandler

Témoignage

« Le mois dernier, je discutais avec ma meilleure amie de ma dernière histoire d'amour, encore une fois complètement foireuse. C'est une constante chez moi : je n'arrive pas à garder un copain, tout simplement parce que je n'arrive jamais à leur faire confiance.

Avec mon dernier copain, pourtant, c'était plutôt bien parti. Cela faisait un an que nous étions ensemble, et tout se passait bien sauf que j'ai commencé à "psychoter", comme on dit. Quand, par exemple, Yann était en retard, je me surprenais à penser des choses comme : "Il doit me tromper, il en a marre de moi." Évidemment, cela me mettait dans des états pas possibles, et quand Yann arrivait enfin, il avait beau s'excuser et m'expliquer la raison de son retard, je n'arrivais pas à entendre, et je faisais la tête. Et je lui posais alors des tonnes de questions du style "Avec qui étais-tu ?", "Pourquoi tu n'as pas répondu au téléphone ?", "Et ta nouvelle collègue, tu ne la trouves pas mignonne ?", *etc. Forcément, au bout d'un moment, ces interrogatoires mettaient Yann en colère, et je me servais de sa colère pour en mettre encore une couche. Il a fini par rompre, en me disant qu'il fallait que je me fasse soigner.*

Mon problème, je crois que je l'ai trouvé en y réfléchissant. Je pense que ma mère m'a beaucoup influencée : mon père est sorti de notre vie après l'avoir trompée, et c'est elle qui me l'a annoncé quand j'ai eu huit ans, en me disant de ne jamais, jamais faire confiance à un homme. »
Maria, 32 ans

Un peu de théorie

La répétition des expériences négatives

Ne vous est-il jamais arrivé, tout comme Maria, d'avoir l'impression de revivre tout le temps la même histoire (d'amour) ? Ou de refaire toujours les mêmes erreurs ? Ou d'avoir toujours les mêmes angoisses ? C'est ce que l'on appelle la répétition d'expériences négatives.

Toutes ces expériences négatives ont en général la même structure : une première expérience négative qui s'est ancrée dans votre mémoire (même si vous avez pu l'oublier parfois), avec pour conséquence une adaptation immédiate pour éviter de souffrir sur le moment, suivie d'une généralisation abusive. Par exemple, si l'on imagine que la discussion que Maria a eue avec sa mère lorsqu'elle avait huit ans a été le déclencheur de son manque de confiance envers les hommes, on peut imaginer que Maria, pour éviter de souffrir de la perte de son père, s'est adaptée, en se promettant, par exemple, de ne jamais faire confiance à un homme, sur le conseil de sa mère. Le problème, c'est que ce genre de généralisation peut provoquer l'émergence de croyances limitantes (« les hommes ne sont pas dignes de confiance »), qui, si elles ne sont pas gênantes à huit ans, le sont beaucoup plus à vingt-cinq ! Ainsi, plus tard, réalisant sa propre prophétie, Maria répète ces mêmes comportements, provoquant évidemment le déclin de ses relations amoureuses, et confirmant par la même occasion ses croyances : elle ne peut avoir confiance en son partenaire.

Utiliser ses ressources présentes…

La technique de changement d'histoire personnelle (on l'appelle également « restructuration ») est une des techniques possibles pour stopper ces cercles vicieux. Le but de cette technique est de vous amener à revisiter vos souvenirs négatifs et traumatisants pour les transformer en souvenirs porteurs de plus de flexibilité comportementale.

En effet, rappelez-vous que nous ne pouvons agir sur la réalité, mais seulement sur la représentation que nous nous en faisons : il n'est donc pas question de changer ce qui s'est réellement passé, mais de changer seulement le sens que ce souvenir passé a pris pour nous, afin de pouvoir agir dans le présent.

Ainsi, cette technique agit en vous, faisant remonter le fil de vos souvenirs : vous allez ainsi rechercher dans le passé la source des comportements limités que vous avez dans le présent, et modifier ces souvenirs pour leur donner une nouvelle signification. Pour modifier ces souvenirs, vous allez alors utiliser des ressources que vous avez acquises depuis ce souvenir, mais que vous n'aviez pas à l'époque. Ces ressources peuvent être diverses : confiance en soi, assertivité, chaleur, compréhension, fermeté… Ainsi, la personne peut avoir acquis ces ressources ou capacités après sa première expérience traumatisante, et va s'en servir pour transformer ce souvenir de façon à ce qu'il ne provoque plus de comportements inadaptés ou destructeurs.

Pour transformer le passé

Cette procédure est pour ceux qui veulent expérimenter cette technique seuls. Pensez à votre dernière expérience négative. Isolez l'émotion que vous ressentez alors, et ancrez cette émotion en fermant le poing gauche. Le poing gauche toujours serré, remontez dans le temps et essayez de trouver deux ou trois expériences similaires. Le but est de retrouver l'expérience initiale, celle qui a provoqué ces expériences négatives. Une fois que vous pensez avoir retrouvé cette expérience, desserrez votre poing.

Ensuite pensez à la ressource qu'il vous faudrait pour pouvoir revivre cette scène positivement. Dans le cas de Maria par exemple, il lui faudrait peut-être de l'assertivité (de l'affirmation de soi), pour qu'elle puisse dire à sa mère : *« Maman, je comprends que tu sois triste et en colère contre papa, mais votre histoire ne doit pas influencer ma vie amoureuse future. »* Cherchez alors dans votre passé plus récent des situations où vous avez fait preuve de cette ressource. Une fois trouvée, ressentez-la à fond et serrez le poing droit pour l'ancrer.

Enfin, en serrant cette fois-ci les deux poings, remontez à votre souvenir le plus ancien, et rejouez-le, en utilisant votre ressource : modifiez votre souvenir de façon à ce que celui-ci ne vous contraigne plus à avoir des comportements limités. Faites de même pour tous les souvenirs que vous avez remontés à la surface.

À RETENIR

Un cercle vicieux

Nous avons tous des comportements récurrents qui nous gênent (jalousie, manque de confiance, colères...). Ces comportements ont souvent été conditionnés par une expérience initiale, pendant laquelle nous avons conclu que ce comportement était le meilleur. Mais ce comportement se retrouve souvent inadapté par la suite, d'où notre désir de le modifier.

Remonter le fil de nos souvenirs

Le processus de changement de l'histoire de vie intervient sur nos souvenirs enfouis, et nous les fait revivre afin d'en changer le cours, et donc la signification. Le cerveau, lui, ne voit aucune différence entre le réel et l'imaginaire, et c'est pour cette raison que cette technique peut fonctionner. On peut ainsi modifier tous les souvenirs traumatisants.

Utiliser les ressources du présent

Souvent, dans votre souvenir, vous vous êtes retrouvé incapable d'agir, parce que vous étiez trop jeune par exemple, ou parce que vous n'aviez pas les ressources pour le faire. Revenir dans ce souvenir depuis le présent permet alors de le modifier en utilisant les ressources acquises depuis, pour leur donner une autre signification et un autre sens.

La modélisation : le cœur de la PNL

« Ce n'est pas parce que les choses sont difficiles que nous n'osons pas, c'est parce que nous n'osons pas qu'elles sont difficiles. »

Sénèque

Témoignage

« Je suis maman de trois enfants, et je vous assure que ce n'est pas de tout repos. Surtout que j'ai trois garçons, tous pleins de vie et turbulents ! Ce qui m'impressionne depuis que je suis maman, c'est la vitesse à laquelle les enfants peuvent apprendre rien qu'en imitant ce que font les autres personnes !

C'est flagrant pour mes enfants. Enfin, ça m'a surtout frappée pour le petit dernier, Joël, qui apprend on ne peut plus vite de ses deux grands frères, Vincent et Macéo. Vincent est l'aîné, et je pense sincèrement, sans que cela n'enlève quoi que ce soit à mon amour pour lui, qu'il a été moins "éveillé" que ses deux petits frères, tout simplement parce qu'il n'a pas eu de grand frère, lui ! À l'époque, j'étais la première de ma famille à avoir des enfants, et même la première de toutes mes amies (même si une flopée de gamins a suivi quelques années après), et Vincent se retrouvait donc souvent le seul enfant dans les réunions de famille ou les soirées. En fait, quand j'y repense maintenant, je ne dirais pas qu'il n'était pas éveillé, mais simplement plus calme et plus grave que ses petits frères, peut-être parce qu'il ne voyait que

des adultes. Contrairement à Joël, qui lui, a l'exemple de ses deux frères et de tous leurs copains. Quand je vois, par exemple, la façon dont il joue aux jeux vidéo (alors que je ne saurais même pas allumer la console), ou la façon dont il utilise l'ordinateur de son frère, je me dis que je n'ai pas fini de m'émerveiller ! »
Camille, 45 ans

Un peu de théorie

La modélisation, une capacité naturelle

Apprendre à marcher, à parler, à manger, à écrire, à lire… Qui se souvient de la façon dont il a acquis ces compétences ? Tout cela nous paraît naturel, maintenant que nous sommes adultes et que nous avons intégré ces compétences de façon inconsciente, tellement inconsciente d'ailleurs que nous n'y pensons même plus quand il s'agit de les utiliser ! Nous marchons, écrivons ou parlons sans y accorder la moindre attention.

Et pourtant, ces compétences restent très difficiles à assimiler : il suffit, pour s'en convaincre, de regarder des personnes victimes de traumas crâniens ou d'AVC, et qui doivent réapprendre tout cela. Dans une moindre mesure, cela peut aussi se remarquer quand nous devons, sur le tard, apprendre une langue étrangère, ou un instrument de musique.

Alors comment avons-nous fait pour assimiler tous ces savoirs ? Rien de plus simple ! Nous avons imité les personnes de notre entourage. Nous avons, en un mot, « modélisé » naturellement leur savoir de façon à l'absorber, pour pouvoir à notre tour l'utiliser. La modélisation est au cœur de tous les apprentissages et a toujours été au cœur de la démarche PNL. Évidemment, nous n'avons pas toujours conscience de cette modélisation, surtout dans notre plus jeune âge, mais c'est ce talent de modélisateur qui fait de nous des êtres humains capables d'apprendre… et d'enseigner ce que l'on sait à d'autres personnes.

Nous sommes capables de (presque) tout faire

En effet, souvenez-vous de ce que l'on vous a dit au début de cet ouvrage. La PNL considère que tous les êtres humains ont à peu près les mêmes capacités naturellement. Comme un ordinateur serait capable de traiter toutes sortes d'informations. Ce qui influence la façon dont l'ordinateur traite les données, ce sont les programmes qu'il utilise. Pour les humains, c'est un peu la même chose : tout au long de la vie, nous avons des programmes qui se mettent en place au niveau inconscient comme au niveau conscient, et ce sont des programmes qui vont modifier notre façon de voir, ressentir, ou réagir face aux événements. En PNL, il « suffit » donc de changer ces programmes, ou d'en ajouter d'autres, pour que l'ordinateur puisse fonctionner comme un autre ordinateur.

Évidemment, nous avons conscience que certaines choses ne sont pas modélisables, du moins pas facilement. Par exemple, une femme de 50 kilos n'aurait certainement pas la même force qu'un athlète de 90 kilos, mais ce sont là des contraintes physiques, difficilement contournables (encore qu'il soit possible de faire de la musculation). En revanche, quand il s'agit du mental, rien, ou presque, n'est véritablement différent d'une personne à l'autre : car nous avons tous un cerveau, et ce cerveau reste infiniment « plastique ». On peut donc, à tout moment, lui demander d'intégrer de nouveaux programmes.

Acquérir de nouveaux programmes

Ainsi, le but de la PNL a toujours été, et ce depuis ses balbutiements, de « modéliser l'excellence humaine », comme le diraient ses fondateurs. La modélisation a d'ailleurs été le premier travail de fond de Richard Bandler et de John Grinder, qui ont, souvenez-vous, modélisé l'expérience et le savoir-faire de grands psychologues comme Milton Erickson ou Virginia Satir, pour pouvoir ensuite reproduire et enseigner ce savoir-faire à volonté. Car la PNL a un autre postulat : c'est que toute expérience, toute compétence, toute faculté a une structure, simple ou complexe, et qu'il suffit de décomposer la structure de ces expériences pour en comprendre le fonctionnement. Évidemment, certaines choses sont plus simples à modéliser que d'autres, et il est certainement plus facile d'apprendre à jouer au badminton qu'à résoudre des équations à cinq inconnues. Mais tout est possible. Le processus de modélisation dépend évidemment de beaucoup de facteurs, favorables ou défavorables : notre intérêt pour certaines choses et notre désintérêt pour d'autres (il reste constant, même en PNL, que l'on apprend moins bien quelque chose quand on ne s'y intéresse pas !), la difficulté d'exécution de la compétence à modéliser, ou encore le désir de transmettre et la pédagogie de celui qui joue le rôle de modèle. Sans compter que certaines personnes ne connaissent pas vraiment les clefs de leur succès !

À RETENIR

Nous sommes tous des modélisateurs !

En effet, nous le faisons tous de façon innée. On peut même dire que la modélisation est au cœur du processus d'apprentissage, surtout lors de nos premières années de vie, où la principale façon d'assimiler des savoirs est d'imiter ceux qui nous entourent. Qu'est-ce qui nous empêche donc de continuer ce processus maintenant, et ce de façon consciente ?

Nous pouvons (presque) tout apprendre

En général, la plupart des personnes s'empêchent d'apprendre de nouvelles choses tout simplement parce qu'elles considèrent qu'elles n'en ont pas les capacités : ce sont les programmes déjà installés dans leur inconscient qui le leur dit, ce que l'on appelle des croyances limitantes. Et pourtant nous avons tous le même cerveau, qu'il suffit de rééduquer.

Intégrer de nouveaux programmes

Ainsi, une fois que l'on s'est débarrassé de nos croyances négatives, il est plus facile de « mettre à jour » ses programmes, ses connaissances ou ses savoir-faire. Car toutes ces données ne sont finalement que d'autres programmes à décomposer, de façon plus ou moins détaillée ou complexe, afin de pouvoir les comprendre et les assimiler correctement.

Comment modéliser ?

« La modélisation est le chemin vers l'excellence. »

Anthony Robbins

Témoignage

« Quand je suis arrivé chez mon nouveau patron, en tant qu'apprenti, je n'y connaissais vraiment rien à la pâtisserie ! Mais comme je n'étais pas vraiment fan de l'école et que je me voyais plutôt dans un métier manuel, j'ai mis les meilleures chances de mon côté pour réussir dans mon nouveau métier. Un bon pâtissier est toujours recherché, n'importe où dans le monde, et c'est un métier qui permet de voyager. Ce qui était finalement mon but à la fin de mes études.

Bref, quand je suis arrivé chez mon patron, les quinze premiers jours ont été consacrés à l'observation. J'arrivais à six heures du matin, comme tout le monde, et je restais collé à mon maître d'apprentissage, Damien. C'était un très bon pâtissier, et j'ai vite compris que les raisons de son excellence étaient sa créativité, son sens exceptionnel du goût, et évidemment, une grande rigueur et un grand perfectionnisme. La première chose que j'ai faite, c'est goûter tous les gâteaux, pour m'imprégner de leur saveur, de leur texture, pour observer leur décoration, etc. Et petit à petit, j'ai appris toutes les techniques, en commençant par les plus simples (remplir les choux, faire une pâte brisée), pour finir par les plus complexes (la pâte feuilletée, le travail du chocolat et du sucre, etc.). Damien a été un excellent maître, et il m'expliquait tout ce

que je voulais savoir, même si ça lui était parfois difficile, pour la raison qu'il ne savait plus lui-même comment il avait appris ses techniques. »
Gabriel, 21 ans

Un peu de théorie

Modélisation implicite et explicite

Comme nous l'avons vu, il est possible de modéliser quasiment toutes les compétences de quelqu'un qui se montre excellent dans son métier. La preuve, Gabriel, au début de son apprentissage, n'avait aucun savoir-faire concernant la pâtisserie, mais il avait, premièrement, l'envie et la motivation pour apprendre, deuxièmement, un bon « modèle », c'est-à-dire une personne pédagogue et désireuse de transmettre son savoir, et troisièmement, les capacités suffisantes pour le faire (tout comme n'importe quelle personne d'ailleurs...).

En revanche, il est vrai que certaines techniques sont plus faciles à modéliser que d'autres, notamment parce que certains comportements peuvent être modélisés de façon intuitive (ce que l'on appelle la modélisation implicite) : il suffit de voir le modèle agir pour pouvoir, grosso modo, refaire la même chose. Cependant, cela n'est pas possible pour toutes les compétences, et il s'avère qu'il faut parfois demander des explications, suivre des procédures complexes, mettre en place de nouveaux programmes lourds à intégrer. Cela, c'est ce que l'on appelle la phase explicite de la modélisation : on doit devenir conscient des difficultés et conscient des techniques employées pour aplanir ces difficultés. En d'autres termes, on peut acquérir certaines connaissances inconsciemment, alors que d'autres savoirs ne peuvent s'apprendre que d'une façon consciente.

Rassembler toutes les informations

Avant de pouvoir modéliser le savoir-faire de quelqu'un, il faut d'abord être conscient de toutes les choses à apprendre. Cela permet d'assimiler ces nouvelles choses de la façon la plus exhaustive possible, et aussi de poser les bonnes questions pour pouvoir plus facilement voir le monde tel que le voit le modèle, et ainsi acquérir les mêmes compétences que lui. Pour bien prendre conscience de toutes ces informations diverses, on peut ainsi utiliser le modèle des niveaux logiques, qui nous permettra de lister de façon structurée tout ce qui est important à savoir.

Ainsi, on pourra cumuler des informations issues de six niveaux différents. Le premier niveau concerne l'environnement et il sera important de noter les contraintes et les conditions optimales pour un environnement idéal. Le deuxième niveau concerne les comportements : on notera donc très précisément les différents gestes qui garantissent l'excellence. Le niveau suivant est celui des capacités : qualités nécessaires, stratégie, pensées concernant le processus. Le quatrième niveau, celui des valeurs et croyances, concerne plus particulièrement les motivations du modèle, ce qui est important pour lui, l'état d'esprit nécessaire. Enfin, les deux derniers niveaux (identité et spiritualité) peuvent donner lieu à des informations pertinentes sur la philosophie de vie du modèle, sa façon de voir son savoir-faire, etc.

Le processus de modélisation

Évidemment, vous ne pourrez peut-être pas faire exactement la même chose que votre modèle dès le début, mais l'important pour modéliser est de faire deux choses en particulier : non seulement noter le plus de détails possibles sur le processus que vous voulez modéliser, mais aussi, et c'est paradoxal, savoir tirer les caractéristiques essentielles du processus en question, afin de ne pas modéliser d'éléments inutiles. Pour arriver à faire les deux en même temps, le mieux est de commencer par noter tous les détails que vous pouvez voir, pour ensuite les éliminer petit à petit. Dans les faits, si vous voulez modéliser l'expérience de quelqu'un, essayez déjà de vous synchroniser avec lui : copiez sa façon de respirer, de bouger, de parler (utilisez les prédicats adéquats), de pencher la tête, etc. Essayez au maximum d' « être » cette personne.

Puis modélisez ce qu'elle fait en utilisant plusieurs systèmes de représentation : le visuel, l'auditif, le kinesthésique. Plus les systèmes utilisés sont nombreux, plus vous avez de chances de modéliser correctement. Commencez donc par copier votre modèle en intégrant beaucoup de détails, puis enlevez les détails surnuméraires petit à petit, en vérifiant que cela ne gâte pas les résultats attendus. Ne retenez que l'essentiel du processus, pour pouvoir, éventuellement, l'enseigner à d'autres. Ce qui est le signe d'une modélisation réussie !

À RETENIR

Modélisation intuitive ou consciente

La plupart du temps, nous modélisons les autres de façon assez intuitive, un peu comme on peut prendre l'accent d'un endroit en y restant quelques semaines. Mais d'autres choses sont plus difficiles à modéliser, car plus complexes. Pour celles-ci, l'important est de bien prendre conscience des éléments difficiles pour mieux les modéliser par la suite.

L'utilisation des niveaux logiques

Vous pouvez rassembler toutes les informations concernant une modélisation en utilisant le modèle des niveaux logiques. Cela vous apporte notamment un plan bien structuré pour lister les difficultés et contraintes d'une modélisation, et ce de façon complète et exhaustive : l'environnement optimal, les différents gestes, la stratégie, l'état d'esprit…

De la synchronisation à la modélisation

En effet, pour bien modéliser le savoir-faire de quelqu'un, il est important d'assimiler, du moins temporairement, son modèle. Pour cela, synchronisez-vous avec lui, en n'omettant aucun détail. Copiez-le, faites exactement la même chose que lui, puis enlevez les détails un à un, pour ne retenir que l'essentiel de son savoir-faire.

Conclusion

La programmation neuro-linguistique est un ensemble de théories et de modèles qui délivre un message rassurant : en PNL, il n'y a pas d'échecs, par exemple, il n'y a que des opportunités d'apprentissage. Il n'y a donc pas non plus de coupable puisqu'on ne s'appesantit pas sur les problèmes et sur leurs origines ; à cela on préfère proposer des solutions pratiques. La PNL est, de fait, une science qui prône la responsabilité de soi et de son comportement, en évitant la culpabilité : c'est une science qui ne juge pas ceux qu'elle se propose d'aider. Au contraire, elle souligne plutôt la possibilité, et pour tout le monde, de pouvoir changer pour le meilleur en tirant parti de son expérience… Elle prône la tolérance pour le modèle du monde d'autrui, et induit donc forcément un état d'esprit d'ouverture et de curiosité. C'est peut-être pour toutes ces raisons que la PNL connaît aujourd'hui un succès grandissant, dans des domaines si différents, et qu'elle s'ouvre à un public de plus en plus large.

Car une des grandes forces de la PNL est de pouvoir être comprise et appliquée par tous, quel que soit son cursus, quelle que soit sa motivation. En effet, si l'on regarde l'évolution de la PNL, les psychothérapeutes des premiers séminaires (même s'ils sont toujours présents en grand nombre) ont laissé leur place aux coachs, aux formateurs, aux managers, à leurs assistantes, aux mères de famille, aux adeptes du développement personnel, etc. Bref à nous ou à vous : cette science a su se démocratiser pour assurer le bien-être du plus grand nombre.

Évidemment, il y a encore beaucoup de travail à faire, et il y aura toujours des personnes pour critiquer la PNL, comme la psychalanyse ou les thérapies cognitivo-comportementales ont pu être critiquées (et le sont encore...). Mais ne vous laissez pas impressionner par ces critiques : comme le dit la PNL, à chacun son modèle du monde ! Nous espérons, nous, à notre humble échelle, que cet ouvrage vous aura éclairé sur certains points, et que vous en avez compris l'essentiel. Dans tous les cas, n'oubliez pas que l'excellence est un long chemin, et que l'important est de faire le premier pas !

Auteur : Marie-Laure Cuzacq

EDITIONS ESI

60, rue Vitruve, 75020 Paris

Imprimé par Printer Portuguesa au Portugal à Rio de Mouro
© Éditions ESI – Dépôt légal : octobre 2012 – Achevé d'imprimer : octobre 2012
ISBN : 978-2-8226-0010-1 – N° Sofédis : S493511

Über den Autor

Stefan Bischof, geb. 13.6.1949, 02.00, in CH-St.Gallen, ist Atempädagoge, Körperpsychotherapeut und Psychologischer Astrologe. Sein Hauptanliegen ist es, die Astrologie aus sich selbst heraus zu erfahren. Neben seiner Tätigkeit als Ausbilder in Atem- und Körperpsychotherapie leitet er Kurse und Fortbildungen in erfahrbarer Astrologie.

Er lebt und arbeitet in Freiburg i.Br.